农业集聚与农业发展

基于城镇化视角

国家自然科学基金青年项目"城镇化进程中农业集聚推动农业发展的机理与实现路径"（71603002）资助

贾兴梅◎著

AGRICULTURAL AGGLOMERATION AND
AGRICULTURAL DEVELOPMENT:

the Perspective of Urbanization

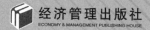

经济管理出版社
ECONOMY & MANAGEMENT PUBLISHING HOUSE

图书在版编目（CIP）数据

农业集聚与农业发展：基于城镇化视角/贾兴梅著 . —北京：经济管理出版社，2021.6
ISBN 978 - 7 - 5096 - 8082 - 7

Ⅰ.①农…　Ⅱ.①贾…　Ⅲ.①农业生产—聚集经济—研究—中国②农业发展—研究—中国　Ⅳ.①F326.11②F323

中国版本图书馆 CIP 数据核字（2021）第 120295 号

组稿编辑：王光艳
责任编辑：姜玉满
责任印制：张馨予
责任校对：张晓燕

出版发行：经济管理出版社
　　　　　（北京市海淀区北蜂窝 8 号中雅大厦 A 座 11 层　100038）
网　　　址：www. E - mp. com. cn
电　　　话：（010）51915602
印　　　刷：北京晨旭印刷厂
经　　　销：新华书店
开　　　本：720mm × 1000mm/16
印　　　张：12. 25
字　　　数：180 千字
版　　　次：2021 年 6 月第 1 版　　2021 年 6 月第 1 次印刷
书　　　号：ISBN 978 - 7 - 5096 - 8082 - 7
定　　　价：68. 00 元

前　言

　　城镇化是破解"三农"问题、淡化二元结构、促进要素优化配置的主要驱动力。与城镇化相互依存、互动促进的农业集聚发展和适度规模经营必然推动中国农业竞争力的持续提升。中国农业正处于由传统向现代农业转变的关键期，优化农业供给侧结构，提升农业竞争力，实现从粗放、无序、分散布局向集约化、专业化和空间集聚转型，成为中国未来农业发展的主攻方向。伴随城镇化和主体功能区战略的不断推进，农业供给侧结构性改革的进行，以"农业产业区"为特征的农业集聚趋势将不断加强，要素的空间集聚必然改变中国传统弱质农业发展格局。以要素集聚、分工深化、结构转型为特征的农业创新红利的充分释放是中国未来农业持续健康发展的保证。因此，从农业供给侧视角分析城镇化进程中农业集聚对农业发展的机理与实践路径具有重要的理论意义和现实意义。

　　本书侧重研究以下内容：①在对城镇化、农业集聚推动农业发展机理分析的基础上，就城镇化进程中中国农业集聚度进行测度和比较。选取区位熵方法，分析农业集聚的变动态势及驱动力，从空间相关性和空间异质性视角，分析农业的空间集聚格局及其演化路径，探讨其演化机制，分析农业产业集聚格局变化及要素传导机制，不仅考虑农业产业自身集聚，而且考虑农业集聚的溢出效应。②在分析城镇化水平与农业集聚水平的基础上，就城镇化与农业集聚的耦合效应进行分析，通过构建城镇化和农业集聚指标体系，选取信息熵计算权重，采用耦合协调模型，分析各省份城镇化与农业集聚之间的耦合作用强度，反映系统的协同效应，进而判断城镇化水平与农业集聚之间的关系。③利用相关农作物产量统计数据，运用重心分析方法考察中国农业集聚的空间分布和变化特征，分析农业集聚重心与农业发展重心两者之间的相互关系，将农业发展分为农业产业增长和农民收入两方面，分别分析农业集聚重心与农业产业增长、农业集聚重心与农民收入之间的相互关系。④农业供给侧结构性改革背景下，利用 2000～2017 年 31 省（自治区、直辖市）的相关农业数据，构建一般面板模型及引入二次项的非线性模型，在一般面板模型中，以农业发展作为被解释变量，农业集聚度为核心解释变量，选取农业资本、农业劳动力、农业技术水平等作为控制变量；在非线性模型中，仍以农业发展作为被解释变量，农业集聚度水平及其二次项作为解释变量，分析供给侧背景下农业集聚度对农业发展影响程度与差异。⑤从城镇化视角，通过构建理论分析模型，分析城镇化进程中农业集聚对农业发展的影响，并提出假设，构建面板计量经济模型，从不同阶段实证检验农业集聚对农业发展的影响及其内在机制，分别从农业集聚对农业产业增长、农民收入两方面进行分析。在以上研究基础上，结合本书研究逻辑，提出以农业集聚推进农业持续发展的实现路径及未来农业集聚发展的空间格局与可能方向，探讨城镇化、农业集聚进程中持续提升农业发展绩效、促进传统农业向现代农业转型的实现路径。

在上述理论与实证分析的基础上，所得结论如下：①中国农业集聚呈现波动性变化趋势，同时各地区农业集聚存在明显的差异，中西部地区农业集聚水平较高，东部地区农业集聚水平较低；农业集聚存在全局空间正相关性，局部空间相关性的表现有所不同，东部地区以低低集聚为主导，中西部地区以高高集聚为主导。②农业集聚存在辐射效应，不同因素对农业集聚的影响方向和程度存在不同，农业劳动力、耕地数量、交通设施对农业集聚产生正向影响，但农业资本数量、机械动力水平、对外开放度却未起到明显推动作用。从非线性模型看，农业资本对农业集聚呈现先下降后上升趋势，农业劳动力、机械动力水平、耕地数量、交通基础设施呈现先上升后下降趋势，对外开放度对农业集聚呈现持续性下降趋势。由此看出，不同因素对农业集聚的影响与集聚程度有关，影响程度和影响方向均受集聚程度的影响。③城镇化综合序参量、农业集聚序参量均呈现波动性变化趋势；城镇化综合序参量较高的省份主要集中在城镇化水平较高的东部地区，农业集聚综合序参量较高的省份主要集中在中西部地区；城镇化与农业集聚之间存在相关性，但各省份之间的耦合度存在明显差异，从整体看，东部地区耦合度低于中西部地区；从两者之间的协调水平看，东部地区的协调水平也低于中西部地区。④中国农业空间分布整体呈现偏西偏北的特征，但不同农作物呈现不同的特征。具体来看，谷物呈现向东偏北，棉花呈现向西偏北，麻类呈现向东偏南，烟叶、水果呈现向南偏东，薯类、油料、糖料呈现向西偏南，茶叶呈现向南偏西特征。从农业属性的区域分布来看，谷物等粮食农作物主要集中在东北地区，油料等经济作物主要集中在西南地区。从农民收入重心看，农民收入在空间分布上呈现北上东进，2009 年后，呈现南上西进特征。农业集聚重心与农业产业增长重心一致，但与农业收入的重心并不完全一致。⑤农业集聚对农业产业增长、农民收入的影响有所不同。农业集聚与农业产业增长存在显著的正相关关系，说明农业集聚能够提高产业增长水平，但农业集聚并未引起农民收入的提高。当引入城镇化时，农业集聚对农业产业增长效应增强，但不同阶段对农民收入的影响不同，城镇化与农业集聚的交互项对农业产业增长存在正相关关系，意味着一个地区的农业集聚程度越高，城镇化对农业产业发展的积极作用越强，说明农业集聚可通过城镇化的途径提高产业发展。进一步运用中介效应模型进行稳健性检验发现，城镇化扮演了部分中介效应，农业集聚可以通过城镇化进程影响农业发展，解释了农业集聚、城镇化、农业产业发展的传导机制。

目　录

第一章

绪　论

第一节　研究背景及意义

一、研究背景

伴随农业供给侧结构性改革的提出，农业产业结构调整，农业发展方式也在寻求新突破。农业生产不仅追求产量的增加，也要考虑生产效率的提高。作为资源禀赋的依赖性相对较强的产业，农业的发展需要考虑各地区的自然禀赋条件，大量农业产业示范区形成，农业产业化向农业产业区转变，农业开始逐步形成集聚。农业集聚可以节约大量的劳动成本，充分利用土地，使得农业产业区域化、专业化。同时部分地区出现耕地减少的同时，农村人口增加，特别是中西部地区，促使大量的农村劳动力不得不进行转移，随着机械化的大量使用，机械化生产代替劳动力，促使生产规模化、集约化，引起规模效应、集聚效应，提高生产效率，而农业供给侧结构性改革的深化，进一步促使农业集聚，对有效保障农产品供给具有重要的意义，乡村振兴的提出要求更好地发展现代农业，促使传统农业向现代农业转变。我国城镇化的快速发展，吸引大量劳动力向城镇转移，将这部分节约的劳动力转移向城镇，使得农业人口非农化。

近20年中国城镇化呈现加速发展态势，常住人口城镇化率从2000年的36.22%上升到2019年的60.60%，城镇化的发展与农村劳动力转移、农村土地流转互为因果。数以亿计的农村劳动力转向二、三产业，在极大推进了城镇非农要素集聚的同时，也促进了农业专业化、产业化发展的进程，使得农业规模经营成为可能。中国区域经济具有明显的异质性，农业的空间布局存在非均衡特征，而这种非均衡性导致不同地区城镇化与现代农业发展之间的相互作用不同，如何发挥两者之间的支撑与相互作用，是需要解决的问题。城镇化进程中，发挥中国农业的比较优势，促使新型工业化、新型城镇化与农业现代化协调发展，一方面，农业集聚能够较好地利用资源优势，形成规模化、专业化的产业，通过调整农业生产结构，促进其优化升级；另一方面，农业集聚提高劳动生产率，改变就业结构，实现农业资源的有效配置，充分发挥集聚效应、规模效应，同时农业集聚使得农业要素投入更加密集化，提高了要素投入与收益之间的匹配度（郑风田，2010）。

农业集聚的高效率、专业化、规模化等特征，使得农业集聚成为未来农业发展的一个必然方向。改革开放以来，中国农业结构与要素配置逐步走向合理化，"四化融合"发展战略的实施在一定程度上推进了农业生产效率的提高，但同步推进新型工业化、信息化、城镇化、农业现代化，薄弱环节是农业现代化。与其他产业相比，农业发展仍然相对缓慢，主要表现在以下几个方面：一是农业科技创新能力较低，资金投入较少，成果转化率较低；二是农业没有形成适度规模经营，使得规模效应、集聚效应不能更好地发挥；三是农产品市场机制不健全，导致农产品不能较好地流动。基于上述背景，本书重点关注供给侧背景下城镇化对农业的发展与集聚产生了什么样的影响？农业集聚重心与农业发展重心是否一致？在城镇化发展的不同阶段，城镇化进程中农业集聚对农业发展产生何种影响？其背后驱动机制是什么？为回答这些问题，需对城镇化、农业集聚与农业发展之间的关系进行深入研究。

二、研究意义

本书在供给侧结构性改革的背景下，以城镇化、农业现代化相互融合相互促进的理论与政策为依据，探讨城镇化进程中如何发挥农业的规模效应和集聚效应，实现农业可持续发展能力的提升。城镇化、农业集聚推动农业发展是一个市场机制与政府推进相互作用的复杂过程，不同阶段不同区域城镇化、农业集聚与农业发展的影响因素与传导机制不尽相同，分析判断不同区域农业集聚的空间格局、驱动力及其绩效，提出以农业集聚推进农业持续发展的实现路径，对于提高农民收入，优化农业供给结构，提升农业竞争力、持续推进农业现代化具有重要决策参考价值。因此，以城镇化加速发展背景下的农业集聚态势为切入点，探讨中国农业主产区农业适度规模经营、专业化发展、竞争力提升的实现路径具有现实意义。

理论意义：对城镇化进程中农业集聚的机理进一步深化，从产业集聚及农业六次产业融合等方面对农业集聚从不同维度进行合理重构，为农业集聚深化提供合理的理论依据，采用不同的测度方法对农业集聚做进一步的测度，更全面地分析农业集聚形成的内在机理和路径，城镇化与农业集聚机制之间的影响机理，为城乡人口流动提供新的理论支撑。在城镇化的背景下，分析农业集聚与农业发展的影响机理，重点分析农业集聚所产生的集聚效应、规模效应、辐射效应对农业发展的影响机理。

现实意义：从多个角度对农业集聚进行分析，有利于揭示农业集聚的过程和方式，对中国农业集聚的机制进行剖析，有利于推动农业发展，对城镇化进程中农业集聚对农业发展的效果进行定量分析，运用一般面板模型、空间计量模型等进行定量评价，为准确判断中国农业的集聚程度和集聚的经济效应提供重要依据，对城镇化进程中农业集聚与农业发展的实现路径进行研究，在国内转方式、调结构的背景下，通过转变农业发展方式，促进农业发展，为中国现行标准下农业发展提供方向。

第二节 研究目标与研究内容

一、研究目标

本书旨在分析城镇化进程中农业集聚对农业发展的影响，揭示城镇化、农业集聚推动农业发展的影响机制，比较各地区农业集聚程度的差异，提出在城镇化与农业集聚背景下实现农业持续健康发展的主要路径。具体而言分为三个方面：

第一，按照农业集聚程度的高低分为初级、中级、高级三阶段，得出各阶段各地区农业集聚的差异及变化特征，分析城镇化与农业集聚之间是如何相互影响的；农业集聚是一个逐步发展的过程，从初级到高级，在每个阶段农业集聚程度不同，所表现出的特征也有所不同。

第二，通过对不同地区不同考察期内农业空间集聚格局及其效应分析，对空间集聚类型、模式进行比较，判断中国未来农业发展趋势；借助一般面板模型、空间计量模型，就城镇化进程中农业集聚对相邻或相近地区的辐射效应和城镇化、农业集聚对农业发展的影响进行实证分析，得出城镇化、农业集聚如何影响农业发展。

第三，在上述研究的基础上，从市场驱动和制度创新入手，提出以适度规模经营、要素集聚、专业化为导向，创新农业发展路径的相关思路，为中国农业的可持续发展、农业现代化与城镇化的协调发展，提供科学依据。

二、研究内容

本书的研究内容主要围绕以下几个部分进行：

第一章阐述研究背景、意义，研究目标、研究内容，以及本书的研究思路与方法、可能产生的创新点。

第二章就国内外研究现状与动态发展态势及相关理论进行分析，主要从农业集聚、城镇化与农业集聚、农业集聚与农业发展之间的关系分析其发展态势，相关理论主要从城镇化发展理论、城镇化与农业发展之间的逻辑关系、农业集聚与农业发展之间的逻辑关系、城镇化进程中农业集聚与农业发展之间的相互关系进行分析，为下文实证分析奠定基础。

第三章针对农业集聚度的测度及其影响因素进行分析，农业集聚度的测度选取区位熵方法，不仅从全国层面、区域层面、省级层面，而且从农作物层面，通过构建空间自相关模型，运用空间自相关、局部自相关判断农业空间集聚格局及其演化路径，探讨其演化机制，分析农业产业集聚格局变化及要素传导机制，不仅考虑农业产业自身集聚，而且考虑农业集聚的辐射效应。通过构建不同的线性、非线性模型分析农业集聚的影响因素。

第四章就城镇化与农业集聚之间的耦合协调效应进行分析。由于本章农业集聚不仅仅是人口集聚，因此本章的城镇化从人口、经济、土地及社会等方面进行分析。在分析城镇化水平与农业集聚水平的基础上，就城镇化与农业集聚的耦合效应进行分析，通过构建城镇化和农业集聚指标体系，采用耦合协调模型，分析城镇化与农业集聚之间的耦合作用强度，反映系统的协同效应，进而判断城镇化水平与农业集聚之间的关系。

第五章就农业集聚重心与农业发展重心的变化趋势进行分析。将农业发展划分为两个方面，一方面是农业产业增长，另一方面是农民收入，利用相关农作物产量统计数据及重心分析方法考察农业集聚的空间分布和变化特征，通过构建耦合分析模型和线性相关性回归模型分别分析农业集聚重心与农业产业增长重心、农民收入重心之间的相互关系。

第六章就供给侧背景下农业集聚与农业发展之间的关系进行分析。利用2000～2017年31省（自治区、直辖市）的相关农业数据，通过构建一般面板模型及引入二次项的非线性模型，在一般面板模型中，以农业发展作为被解释变量，农业集聚度为核心解释变量，选取农业资本、农业劳动力、农业技术水平等作为控制变量；在非线性模型中，仍以农业发展作为被解释变量，农业集聚度水平及其二次项作为解释变量，分析供给侧背景下农业集聚度对农业发展影响程度与差异。

第七章就城镇化视角下农业集聚与农业发展之间的关系进行分析。从城镇化视角，通过构建理论分析模型，分析城镇化进程中农业集聚对农业发展的影响，并提出假设，构建面板计量经济模型，从不同阶段实证检验农业集聚对农业发展的影响及其内在机制，分别从农业集聚对农业产业增长、农民收入两方面进行分析，通过构建中介效应模型，验证农业集聚是否可通过城镇化进程影响农业发展，解释农业集聚、城镇化、农业发展之间的传导机制。

第八章在上述理论与实证分析的基础上，总结研究得出的重要结论，提出未来农业集聚发展的空间格局与可能方向，探讨城镇化、农业集聚进程中持续提升农业发展绩效、促进传统农业向现代农业转型的实现路径，指出创新农业要素配置方式，优化主要农产品空间布局态势，促进农业专业化、集约化和适度规模经营，提高农业全要素生产率水平、促进农业分工深化，实现城镇化与农业现代化融合发展。

第三节　研究思路与研究方法

一、研究思路

本书结合区域经济学、统计学、产业经济学等多种学科理论与分析工具，根据研究目标和研究内容，构建技术路线（见图 1-1），根据以上的技术路线，本书的研究方案总结如下：

第一，梳理国内外相关研究成果和政府部门的相关资料。重点搜集城镇化、农业产值、农作物产量、农业布局、农民收入等方面的资料数据库，综合了解中国城镇化、农业集聚、农业发展现状及其之间的相互作用。第二，根据掌握的资

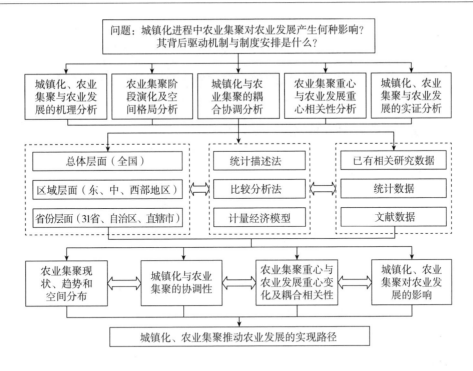

图 1 − 1 技术路线

料数据和信息，结合产业经济学、计量统计学、城乡发展等方面的理论和实证研究方法，按照研究目标和研究内容搜集相关统计数据。第三，对统计数据整理并进行统计描述和比较。内容包括：中国农业集聚的变化趋势及区域差异、城镇化水平的变化趋势及区域差异、劳动力转移的情况、农业种植面积、农业产量与产值等。第四，根据不同的研究内容，分别建立不同的计量经济模型。从总体层面、地区层面、省份层面，分析农业集聚的变动态势和空间分布及城镇化、农业集聚对农业发展的影响。第五，根据以上定性和定量的分析评估结果，提出优化农业布局，促进要素集聚与城镇化，实现农业持续发展的可行路径。

二、研究方法

本书的研究方法主要有：

农业集聚与农业发展——基于城镇化视角

（一）比较分析法

比较分析法主要用于中国各地区农业集聚程度的比较以及各地区城镇化程度的比较，这一分析方法有利于比较中国各地区城镇化及农业集聚度的差异性，能够判断中国农业集聚及城镇化水平发展的趋势。

（二）统计描述法

针对中国农业发展现状、农业集聚度、城镇化等的变化进行统计描述，有关农业集聚重心和农业发展重心，包含农业产业增长重心和农民收入重心进行描述。

（三）耦合协调模型

主要用来分析城镇化与农业集聚之间的耦合与协调，判断城镇化与农业集聚之间的关系。

（四）重心分析方法

运用重心分析方法考察中国农业集聚的空间分布和变化特征，分析农业集聚重心与农业发展重心之间的相互关系。

（五）面板模型

针对各地区城镇化与农业集聚、城镇化进程中农业集聚与农业发展采用面板数据分析。有利于判断中国各地区城镇化、农业集聚对农业发展影响的差异性及相关性。

（六）空间计量模型

针对各地区城镇化与农业集聚、城镇化进程中农业集聚与农业发展采用空间计量分析，分析农业集聚及农业发展的辐射效应及空间相关性。

第四节　创新之处

本书的创新点主要集中在以下几个方面：

第一，全方位、多角度就农业集聚进行分析。不仅从专业化分工角度，而且从空间集聚相关性角度考察，农业是资源禀赋较强的产业，农业集聚的过程中离不开土地，因此农业集聚过程中既要考虑农业人口，又要考虑农村土地问题，这就为农业集聚的准确测度增加难度，本书试图从产业、空间角度分析农业集聚及其影响因素，并考察不同农作物集聚程度存在差异的成因。

第二，分阶段考察了城镇化进程对农业集聚的影响。考虑到农业发展的驱动因素和统计口径等因素，按照农业集聚度的高低将其划分为三个不同阶段，分析不同地区不同时期城镇化进程对农业集聚的影响。

第三，实证角度证实供给侧背景下农业集聚对农业发展的影响，并验证城镇化对农业集聚与农业发展的影响的中介传导效应，评估这种影响背后的空间异质性特点。各地区自然禀赋差异明显，对农业发展的依赖不同；伴随着城乡要素流动、空间结构与产业结构的演化调整，城镇化、农业集聚与农业发展三者之间呈现出的互动互促关系值得探讨。

第一章
研究现状与相关理论

本章首先针对城镇化、农业集聚与农业发展的国内外研究现状及发展趋势进行阐述，从不同角度梳理前人文献；其次针对城镇化、农业集聚与农业发展的相关理论进行梳理，并分析农业产业集聚的机理，城镇化与农业集聚的逻辑关系，就城镇化、农业集聚与农业发展的机制进行分析。

第一节 国内外研究现状及发展态势

本节研究现状的分析主要涉及城镇化、农业集聚与农业发展之间的互动研究，结合研究内容，对国内外研究现状与发展动态进行分析，重点梳理三者之间互动发展的相关理论、实证研究及政策含义等。

一、农业集聚及其影响因素研究

国内外学者对产业集聚的测度及其变化趋势进行了大量研究，但研究主要针对制造业和服务业，例如，Piore 等（1984）、路江涌和陶志刚（2007）、Fenge 等（2009）、孙久文（2013）、高斌和丁四保（2008）、阮建青等（2014）、张雷等（2018）、周鹏飞等（2021）等关注产业集聚的测度及其发展的影响。邓慧慧（2009）通过构建三地区两部门三要素的空间均衡模型，模拟分析制造业的空间分布与要素分布及密集度对制造业集聚的影响。Wen（2004）运用二、三次工业普查数据发现考察期内制造业集聚动态变化处于"倒U形"曲线的上升期，中心城市在一定程度上对周边城市是有影响的，并且任何规模下制造业和服务业的双重集聚效应对劳动生产率都有促进作用，但是随着城市规模的不断扩大也会呈现出倒U形趋势（陈晓峰，2016）。周鹏飞等（2021）通过构建两步系统GMM模型，分析制造业产业集聚对城市经济效率的影响，发现现阶段制造业产业集聚水平具有明显的区域异质性，中西部的发展比较缓慢，东部地区的产业集聚指数较高于全国平均水平。

然而，针对农业集聚的研究不足，仅有少量学者对农业集聚及其影响因素进行研究，例如，Henry等（1996）、Kulshreshtha等（2005）、王栋（2007，2009）、黄海平等（2010）、肖卫东（2012）、王艳荣和刘业政（2012）、许烜和兰勇（2015）、邓晴晴等（2020）等。农业集聚首先表现为农业产业化，农业集聚加快农业产业化的进程，与其并行发生的产业融合，通过形成新的产业形态，实现农业产业化（孙中叶，2005）。农业产业化继续促使农业产业区的形成，农业产业区是农业产业化的高级表现形式，农业产业区使得农业更易形成专业化、规模化、特色化，促使农业集聚成为可能。农业集聚的初始阶段表现为局部地区和个别部门的集聚，对自然禀赋的依赖较强，形成农业产业区后，集聚区前后关联产业的累积效应才会凸显。农业的产业化、集聚化发展，能够快速提高产业的核心竞争力，形成产业发展的完善机制，发挥产业内的协同效应（付一凡，2011）。只有政府实行正确的政策干预，集聚经济圈才能发挥出要素禀赋异质性对于产业和要素的集聚优势（胡晨光，2011），集群效应在资源共享、成本节约、创新升级等方面呈现出显著优势，集群发展成为诸多产业发展的主流组织模式，相关发展规划和政策体系都将建设特色集群作为重要导向（陈抗等，2019）。

二、城镇化与农业集聚的互动研究

城镇化与产业集聚两者相互影响，产业集聚通过要素集中、产业结构转变、提高城镇竞争力促进城镇化发展（吕品等，2015），产业集聚与城镇化之间的相关关系具有显著的阶段差异性（马志东等，2016）。随着产业集聚程度的不断深化，其对我国城市化的推动作用也将逐渐弱化，因地制宜地推进产业集聚，培育具有地方特色的产业集群，提高区域城镇化水平（陈生明等，2016）。在不同的经济发展和城市化水平上，要素集聚、产业集群和城市群分别起主要作用（苏雪串，2004；谭清美等，2017；马国勇等，2019），张洪玮（2015）基于中国 30 个省份的 2002~2012 年的数据，通过空间计量分析方法研究了生产性服务业集聚对城镇化的影响，发现生产性服务业集聚水平的提高会借于促进城镇人口的增加和经济效率的提高，进而推动人口城镇化和经济城镇化的双重发展。无论是整体的还是分区域的回归，工业集聚以及工业集聚与城镇化的交互项对县域经济增长都呈现出显著的正向的经济效应（司深深，2019）。产业集聚在一定程度上推动形成城市化和城市化的发展，同时也有利于降低城市化的成本，提高城市竞争力，城市化也为产业集聚提供了必要的基础条件，并促进集聚产业进行结构优化，加速产业集聚更好的发展（唐长春，2019）。也有人认为产业集聚会给区域与城市经济增长带来许多不利影响，包括企业过多带来的公共产品供应不足、过度竞争和环境破坏等（Usai et al.，2003）。

针对城镇化与农业集聚的研究，主要集中于城镇化与农业产业集群的互动发展机制研究（徐维祥，2005）、动因分析（张盼盼，2014）、城镇化与农业现代化的协调发展（刘玉，2007；蒋正云，2021）等。劳动力转移和人口集聚以产业集群为载体，通过产业集群的成长，为城市地域空间扩张和城镇化水平提高提供产业支撑，短期内农业产业集群对城镇化率的提高作用并不明显，但在长期内，两者之间相互影响（张盼盼，2014）。农业发展已不能满足社会经济发展需求，导致农业发展落后于城镇化、工业化（杨爱军，2012）。与发达国家相比，科技装备相对落后，现代农业人才严重短缺，金融支持力度不足，市场机制不完善等

（张景利等，2021），通过农业劳动力转移，扩大对农用生产资料的需求规模，缓慢推动城镇化水平的提高，通过农业产业集聚发展城镇化成为必要手段（姜会明、王振华，2012；夏春萍、刘文清，2012）。

三、农业集聚对农业发展的影响研究

针对产业集聚对经济发展的影响，大多数研究认为产业集聚对经济发展产生正向影响（Ciccone et al.，1996，2002；Geooert et al.，2008；罗能生等，2009；卢飞等，2017；唐建荣等，2018）；部分研究认为产业集聚达到一定程度后，对经济发展并非产生正向影响，由于拥塞效应的存在，使得集聚对经济发展可能产生负向效应（Brulhart et al.，2007；Brulhart et al.，2008；张云飞，2014；王岩，2017；文丰安，2018）；同时产业集聚与经济发展互为内生关系（谢品等，2013；谢雄军、何红渠，2014）。

针对农业集聚与农业发展，大多数研究认为农业集聚对农业发展具有显著的正向影响，如 Zepponi 等（2007）认为发展农业产业集群是提高农业区域竞争力的有效手段，鉴于分工经济学理论，随着生产环节不断地深入分工，能促进分工经济的产生，继而提高生产效率（Jabbour，2015），农业产业集聚对农业劳动生产率的提高具有促进作用，通过农户层面的内部规模经济、产业层面的地方化经济以及城市层面的城市化经济带来的规模报酬递增，通过这一机制的作用来推动农业劳动生产率的提高（杜建军等，2020），不断对种植业的结构进行改革，建立和培育专业化、规模化以及特色化的生产集聚区，已经成为世界农业发展的重要趋势（Garnett，2013）。因集聚经济的存在，使得生产要素供给数量增加，集聚经济的外部性导致技术溢出，促进农业发展（吕超、周应恒，2011；贾兴梅、李平，2014）。地区农业科研和促进农业发展其他各方面的资金投入，会间接提高该地区的农业技术水平，进而形成该地区的农业产业集聚，且这种集聚也会反作用于该地区的农业生产，提高基础设施、科研成果和资本的共享优势，促进生产效率的提高（Taylor，2010）。

部分研究认为农业产业集聚对农业发展的促进作用具有条件性，Scorsone

（2002）认为集聚效应的发挥与关联产业的风险、农村社区特点、过去产业的发展等有关。由于农业产业集聚的形成对区域结构、农业技术结构等影响显著，有利于促进农业技术进步和扩散，提高农业生产率和产出率，促进地区农业发展；但农业产业集聚对于产业增长的贡献更多体现在集聚程度的动态变化，而不在于某一年份的集聚程度大小，即农业产业集聚程度和农业产业集聚的增长率是影响经济增长的重要因素，但某些地区的集聚效应尚未发挥，导致对产业增长的贡献不明显（王艳荣、刘业政，2012）。也有一些学者从农民就业和提高农民收入的角度，研究农业产业集聚对农村经济的影响（Henry et al.，1996；Kulshrestha et al.，2005；王艳荣、刘业政，2011；卫龙宝、李静，2014；汤路昀、曾光，2016；江激宇等，2018）。

四、城镇化、农业集聚与农业发展的互动研究

基于中国区域比较优势和要素禀赋异质性特点，国务院批复的"全国主体功能区战略规划"（国务院，2012），明确了中国不同主体功能区特别是农产品主产区的要素集聚、城镇化、农业发展战略格局，指出构建以"七区二十三带"为主体的农业战略格局，同时提出农产品主产区将土地规模经营、特色城镇培育、优势农产品发展作为主攻方向。针对大量农村剩余劳动力滞留农村，影响农业发展的现状，有学者提出通过加快城市化提高农业生产效率，促进农业现代化水平的提高（谢杰，2012）；农业现代化推动产业结构优化升级，通过空间结构优化，完善城镇化空间布局与形态，提高经济发展效率（韦伟，2013）。城镇化进程促进农业现代化（翟涛，2017），农业现代化不仅是农业发展的目标和基础，更是实现乡村持久振兴的内生动力（张挺等，2018）。农村剩余劳动力的流动与转移动力，加快了城镇化发展，也促进了我国农村及城市的协调发展（甘元薪，2019）。城镇化的发展一定程度上推动了农业集聚，深化了产业分工，以集约化、规模化生产提升农业产业效率，减少劳动力的使用，以产业集聚促进区域经济发展，以关联产业带动城镇要素集聚，配合城镇空间体系设计引导产业要素有序聚集、产业空间布局优化和三次产业结构调整（李菁、揭筱纹，2014），同时农业

产业集聚的发展能够推动社会资本、人力资本的集聚（卫宝龙、李静，2014），进而影响城镇化和农业发展，城镇化与农业集聚之间具有相互作用，能够共同推动农业发展。但是农业产业集聚水平的发展，我们不能仅仅依靠自然资源要素禀赋和外部要素禀赋作为推动农业产业集聚的主要动力，要注重市场规模效应、投入品及加工品的分享、知识溢出等外部性效应的动力（刘立佳等，2019）。

第二节　现有文献研究评述

毋庸置疑，上述文献为本书研究目标的聚焦和内容的针对性提供了翔实基础。在城镇化、产业集聚与区域发展的关系上，大多数研究认为城镇化对产业集聚具有推动作用，产业集聚对区域经济具有正反馈作用。针对农业集聚的研究主要集中在农业集聚形成机理、经济效应及政府对农业集聚调控的影响等，对农业集聚的某些特征也主要是一些直观描述。针对城镇化、农业集聚与农业发展的研究主要集中在相互作用机理的研究，对三者之间影响的实证分析相对较为薄弱，特别在不同地区不同城镇化发展阶段，农业集聚对农业发展的效应、驱动机制的异质性，对城镇化进程中农业集聚的区域差异，城镇化、农业集聚与农业发展之间相互影响的研究更为薄弱。

本书从城镇化、农业集聚、农业发展三维角度入手，在对中国农业集聚测度与演化的基础上，对城镇化与农业集聚的耦合协调进行分析，同时对中国农业集聚重心与农业发展重心进行分析，判断两者的重心变化是否一致，通过构建计量经济模型，从供给侧视角分析农业集聚对农业发展的影响，揭示不同地区不同阶段城镇化水平下农业集聚的异质性，在经济发展宏观环境背景下，分析城镇化进程中农业集聚对农业发展的影响，探讨背后的驱动机制、制度安排与实现路径，为城镇化、农业集聚对现代农业发展的影响提供实证支持并提出相关政策建议。

第三节　相关理论及逻辑关系

一、农业产业集聚的机理

有关产业集聚的研究始于 19 世纪末，马歇尔提出内外部经济的概念，之后出现很多流派。韦伯较早提出集聚经济的概念，形成区位集聚论；熊彼特的创新产业集聚论将产业集聚与企业创新相结合，其认为企业创新成功不仅有利于自身的发展，对其周边及相邻部门也具有辐射效应，以致其他企业进行模仿跟随，因此创新不是孤立事件，不能均匀分布，也不可能随机分布整个系统，更趋向于集聚，形成创新产业集聚论；在韦伯的区位集聚论的基础上，胡佛提出产业集聚最佳规模论，它将一个产业规模经济划分为三层次，只有当三层次同时实现规模经济时，最佳规模才能得以形成；波特在其基础上，形成钻石模型，即企业竞争优势模型，其比较也不仅仅是单个企业和行业，它涉及多个企业、多个行业、本国和外国等，国际竞争对知识的创造和吸收的依赖性更强，同时企业战略类型的目标使企业在竞争中高人一筹，使其可能获得较大的收益。

改革开放以来，中国农业结构与要素配置逐步走向合理化，城乡融合发展、乡村振兴战略等的实施对于农业发展方式、结构的改善与优化具有一定的推动作用。虽然农业的发展仍是现代产业发展的薄弱环节，同时面临一些突出的矛盾，如供给结构与需求升级、供给数量与安全需求、供给单一与需求多元化等。解决这些矛盾需要从农业供给侧结构性改革入手，供给侧注重品牌化发展、低成本发展、融合发展、规模经营、创新型农业发展、可持续发展。在城镇化进程中，农业集聚一定程度上能够解决这一问题，进而促进农业发展。本书对城镇化进程中不同阶段农业集聚与农业发展的机理分析，主要从两方面进行：首先对农业集聚的形成机理进行分析；其次就城镇化进程中农业集聚与农业发展的机理进行分析。

根据产业集聚形成与发展的不同阶段，对农业集聚形成的逻辑关系进行分析。具体如图 2 - 1 所示：

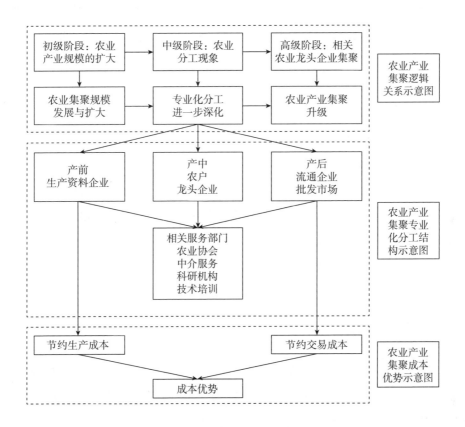

图 2 - 1　农业集聚形成的逻辑关系

产业集聚的形成与发展是产业分工的结果，集聚的发展与分工的细化是相互促进的，集群内部专业化分工，是产业集聚优势的表现。在农业集聚发展的初级阶段，主要依靠土地、环境、气候等自然资源，这就导致农业集聚最初只能在局部区域集聚，使得局部地区具有一定的比较优势，农业规模发展与扩大，但初级阶段资源利用率低和生产率低，生产粗放，集聚效应较低；在农业集聚发展的中级阶段，农业分工现象开始显现，区域专业化优势格局形成，前后关联产业产生累积效应，集种植、加工、流通为一体的专业化市场形成，具有一定技能的劳动力、良好的支持政策，更促进专业化分工的深化；在农业集聚发展的高级阶段，资源已不仅仅是自然资源，而是依赖良好的技术创新、扩散的氛围，集聚的相关企业和农民的意识、产品质量等，不断创新的技术，促进生态、经济环境改善和社会财富增长，使得产业进一步集聚，促使农业产业集聚升级。

在农业专业化分工深化的过程中，垂直专业化分工的结果导致产前、产中、产后对相关产业、企业产生重要的影响。一般认为专业化分工促使产业集群产生并具有独特的竞争优势，同时产业集聚更进一步促进分工深化，荷兰花卉、丹麦养猪产业集群即是农业产业集群成功的代表，山东寿光蔬菜、广州茶产业集群也是中国农业产业集群成功的代表，但与发达国家相比，中国农业产业集群发展在总体上还相对较弱。依据专业化分工理论，农业产业集群内专业化生产企业以及相关服务机构之间形成竞合关系，具有明显竞争优势（尹成杰，2006）。在农业产业集聚前，相关的农业生产资料企业如种子、化肥等企业得以发展；在农业产业集聚中，农户、龙头企业得以发展；在农业产业集聚后期，流通企业、批发市场是农业集聚的主体。相关的服务部门，如农业协会、技术培训机构、科研机构等为农业产业专业化分工的深化提供了条件。

农业集聚的形成与发展，带来了生产成本和交易成本等的减少，为农业发展带来了成本优势。产业集群的发展过程中，产业链的不断延伸，垂直分工不断深化，相关企业、科研机构、政府的服务功能得到充分发挥，使得竞争优势凸显。根据韦伯的区位优势理论，距离需求地越近运输成本越低，专业化生产吸引了企业的集聚，包括上下游企业的集聚，提高了生产资料的利用效率，降低了生产成本，流通企业、批发市场的形成，又节约了流通成本、保鲜成本、库存成本等，进而提高了交易效率，降低了交易成本，其成本、技术创新、人才、就业、制度环境等优势为农业发展做出了巨大的经济贡献，使得农业产业集聚的优势得以显现。农业集聚的高效率、专业化、规模化等特征，使得农业集聚成为未来农业发展的一个必然方向。

二、城镇化与农业集聚的逻辑关系

城镇化注重生态文明，将低碳节约的生产、生活和消费方式融入城镇化进程中。经济发展方式由粗放型向集约型转变，提倡在产业发展过程中，注重集约使用资源，提高其生产效率，在城镇建设过程中，注重集约使用土地、能源，强化循环利用，这就为环境友好型产业的发展、改造，提供必要的条件，降低对环境污染物的排放。通过新能源发展，减少对污染较大的交通工具的使用，提倡绿色交通工具，完善公共交通服务体系，减少私人交通工具的使用，对简约适度、文明和谐的生活方式，推行慢生活、简出行，培育绿色低碳的生态文化。

城镇化以城镇体系和城市内部空间结构、格局和形态优化为基础。根据资源环境承载能力，优化城镇及其内部空间布局，对城镇化发展的不同阶段，合理定位，构建科学合理的城镇体系；同时城市发展趋势和生态文明新要求相结合，通过科学规划合理、市场运作，培育各具特色的卫星城（镇），疏散中心城区功能，提高城市生产和生活效率，推动城市与生态环境良性融合。

城市发展周期与经济技术周期紧密相连，产业技术进步推动城镇化的发展，城镇化的发展对产业技术进步具有重要的影响。城镇化过程必然留下当时产业和技术进步的烙印。如电力、化学革命的发展，促使人口大量向城市集聚，同时产业获得更快的发展，进而城市数量不断增加，城市规模不断扩大，这一阶段被称为"生产性城市"，之后，以福特为代表的分工和专业化开始出现，促进产业的进一步发展，促进城市进一步扩散，对城市的一般制造业和生产性服务业产生重要的影响，对运输网络的发展起到举足轻重的作用，信息技术、微电子等技术的广泛使用，以弹性专业化和精益生产为特征的后福特主义出现，使城市完成了从生产型到服务消费型的跨越。当前，物联网、大数据、云计算、移动互联等新一代信息技术的发展改变了城市发展的模式，智慧城市便是城镇化的产物。城镇化采用智慧城市理念进行城市规划和建设，把人的生活方式、城市的发展模式与技术相结合，通过信息化、智能化、精准化的方式提升城市管理、建设水平，促进城市在生产、流通、服务等方面的高效，进一步地促进城市内部及其周边城市的可持续发展。

农业集聚过程主要涉及农业人口集聚、农业产业集聚、农业空间集聚，这将引起就业结构转变、产业结构转变、地域结构转变，导致农民职业转换、非农产业集聚、农村人口空间转换，最终可能影响城镇化水平。农村剩余劳动力转移缓解了农村人多地少、劳动力闲置的局面，有利于充分利用现有的劳动力资源，推动农产品集约化和规模化生产。农业经营模式由小块分散式经营逐渐转为规模化、集约化经营，并通过充分发挥现有劳动力的资源优势，搞特色经营，提高农产品的竞争力。

城镇化的发展带来人们收入水平的提高和消费结构的变化，导致对深加工农产品需求的增加，农村剩余劳动力的转移为其发展提供必要的人力保障。由于农产品加工业的市场导向性较强，可以反过来指导农业生产，形成一种集生产、加工、流通于一体的产业化经营模式，推动农业产业结构的纵向发展。农村剩余劳动力在城乡之间的相对转移，促进了技术、资金等要素的流动，加快信息交流，有利于建立农产品生产的市场和效益导向机制，提高农产品的附加值和农业劳动生产率，促进农业产业结构的合理化和高度化（崔宇明等，2013）。

城镇化与农业集聚关系机理分析具体如图2-2所示：

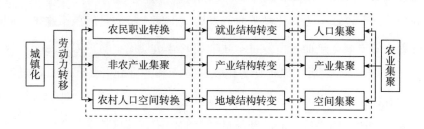

图2-2 城镇化与农业集聚关系机理分析

通过以上分析及机理图显示，城镇化与农业集聚之间关联性主要表现为农村剩余劳动力的转移，农村劳动力的转移并不是永久性的单项转移，随着农业产业结构的优化和升级，生产效率的提高，产业集聚的集聚效应、规模效应等促使农村劳动力向城镇转移，但有些劳动力转移是季节性的，随着农业生产的季节性选择是否向城镇转移，导致城镇化与农业集聚之间并非简单的单项影响。

三、农业集聚与农业发展的关系机理

农业集聚对农业发展的影响机理，需要分析农业集聚与哪些因素有关，农业产业集聚的主体有哪些。农业集聚与加工企业、经销商、政府部门、科研机构都有关，加工企业能够吸纳农业人口，使得农业集聚得以形成，经销商一定程度上能够降低交易成本，政府通过制定农业优惠政策，并提供一定程度的资金支持，科研机构能够促进技术进步，促进劳动生产率的提高，最终有利于农业发展。具体如图 2-3 所示：

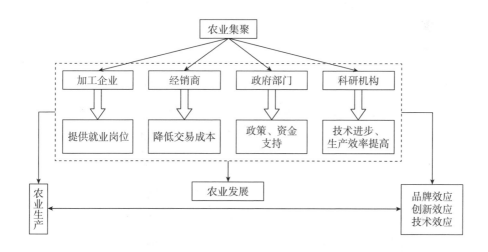

图 2-3　农业集聚与农业发展机制

农业集聚的过程不仅仅是农业生产的过程，还包括农产品的种植、农产品加工、农产品市场培育等各个环节，随着知识溢出和吸收能力的提高，农产品的交易成本降低，同时创新速率也在逐步加快，市场需求也在不断增加，生产效率提高，品牌效应提升，最终引起产值产量增加，促进农业产业增长。具体如图 2-4 所示。

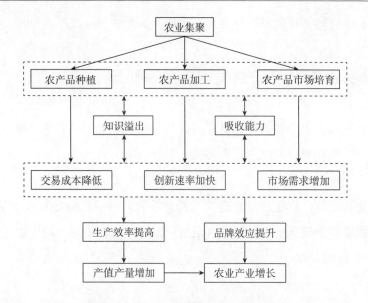

图 2 - 4　农业集聚与农业产业增长机制

四、城镇化、农业集聚与农业发展的机理

有关城镇化、农业集聚与农业发展的机理具体如图 2 - 5 所示：

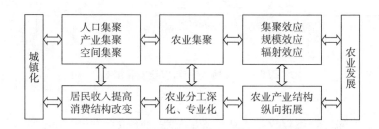

图 2 - 5　城镇化、农业集聚与农业发展的机理分析

城镇化的发展以人口城镇化为核心，伴随农村劳动力的转移，缓解了农村人多地少、劳动力闲置的局面，有利于充分利用现有劳动力资源，提高农业生产效率，促进农业人口的集聚，人口的集聚必定带动产业的集聚，推动农业生产的集

约化和规模化，促使农业产业集聚，农业产业的集聚反过来也会推动农业人口的集聚，人口集聚、产业集聚改变了城乡空间结构，进而促进空间集聚，农业集聚作为一种新的空间组织形式，农业空间集聚包含农户、企业、中介、市场、政府等相互合作的有机体。加工企业为农户提供就业岗位，政府部门提供政策、资金扶持，中介（经销商）降低交易成本，科研机构促进技术进步，生产率提高。当农业集聚形成以后，集聚区内部成员之间竞争与合作，促进农业分工深化，获得规模经济的同时专业化和协同化优势显现，有效创造农产品的市场需求。因此，农业集聚不仅仅是产业集聚，还涉及人口集聚、空间集聚等，集聚的产生促进了居民收入的提高，进而改变居民的消费结构。

在农业集聚形成的初始阶段，由于集聚效应的存在，农业集聚促进农业发展主要体现在农产品规模化、专业化效应逐步显现等方面。当农业集聚进入中高级发展阶段，原有集聚区专业化程度进一步提升，集聚区农业创新效应的辐射作用开始显现并不断强化，农产品的品牌影响、创新效应导致农业产业链延伸、外围区域的要素集聚步伐加快，城镇化进一步发展。农业产业结构获得纵向拓展，最终提高产品产量与产值，实现农业集聚条件下的农业发展。因此，农业集聚的不同阶段对农业发展的影响不同，主要体现在分工水平、空间溢出和城镇体系发育等方面，农业集聚促进农业发展进而优化城镇空间体系，反之亦然。

第三章
中国农业集聚的测度及格局演化

　　产业集聚现象自提出以来，就受到广泛关注，但其研究主要集中在工业领域，随着工业化进程的不断推进，农业劳动力生产逐渐被农业机械化生产所代替，农业生产规模化、专业化逐步形成，在中国对外开放与市场化改革双重促进下，农业生产的区域化也逐渐形成。农业集聚不同于制造业和服务业集聚，农业是资源禀赋较强的产业，因此农业集聚的初始状态是自然集聚，后向生产、社会集聚转化。农业集聚首先表现为农业产业化，农业产业化继续促使农业产业区的形成，农业产业区是农业产业化的高级表现形式，农业产业区使得农业更易形成专业化、规模化、特色化，促使农业集聚成为可能。农业集聚加快农业产业化的进程，与其并行发生的产业融合，通过形成新的产业形态，实现农业产业化（孙中叶，2005），集聚经济圈才能发挥出要素禀赋异质性对于产业和要素的集聚优势。中国农业的地理集聚特征表现为明显的差异性，不同阶段有所不同，整体表现为先增强后减弱的趋势，区域专业化、多样化程度逐步增强，但部分农作物呈现垄断性发展趋势。考察期内种植业地理集聚呈现向南向西集聚的态势（肖卫东，2012；李二玲等，2012），但优势农作物在各地区的发展并不平衡，集聚态势呈现明显的差异性，但专业化、区域化趋势明显，龙头企业在省会城市特别是中心城市的市区集聚较多，龙头企业行业集聚主要受区域农业资源类型、分布、市场需求和政策的影响（刘世薇、张平宇，2013）。

农业集聚是一个市场机制与自然资源相互作用的复杂过程，中国不同地区农业集聚的影响因素与传导机制不尽相同。要素投入所产生的报酬递增促使集聚效应进一步发挥，生产的外部性表现并不明显（邓翔、李建平，2013）。由于收益递增、路径依赖及企业惯例，集群在演化过程中可能会陷入低效率的锁定状态（丁瑞等，2015）。农业产业集聚具有马歇尔外部效应，这种外部性与地理距离有关，地理集聚提高农业分工效率，提升分工利益，改善空间组织形态，能够进一步引起农业分工扩大，分工的扩大能够提升土地生产率，影响劳动生产率，它们反作用于集聚效应（肖卫东，2012；张哲晰、穆月英，2018）。

不同阶段农业集聚具有不同的特征，受外在因素的影响不同，激发集群最初形成的因素与资源禀赋有关，这与农业产业本身的特征密不可分，同时农耕思想、制度政策等也是其基本因素，空间地理因素也是影响集聚的重要因素，重要的是集聚所带来的收益递增形成路径依赖（丁瑞等，2015）。细分看，与资源禀赋有关的要素包含劳动力、资本、技术水平、耕地规模等因素将在农业集聚演变中发挥举足轻重的作用，除了资源禀赋因素外，外在的因素如对外开放度、交通设施等均发挥重要的作用，但这些因素所产生的外部效应有所不同（杜建军等，2017；倪印锋、王明利，2018），对于一些特殊的农业产业，各种因素对农业产业集聚并非一定产生线性影响，有的先促进后抑制，有的先抑制后促进（杜建军等，2017）。

本章将通过构建理论模型判断各因素对农业集聚的影响，提出不同的假设，并运用 2000～2017 年的相关数据，采用区位熵方法对农业集聚度进行测度并分析中国的农业集聚变动态势，分析农业集聚的空间相关性及空间异质性，同时对农业集聚的影响因素进行研究，通过构建空间滞后模型、地理加权回归模型、非线性回归模型针对各因素对农业集聚的影响进行分析，判断不同区域农业集聚的空间格局，对提升农业竞争力、持续推进工业化、信息化、城镇化、农业现代化具有重要决策参考价值。

第一节　农业集聚的测度方法

一、产业集聚测度方法比较

有关产业集聚的方法主要有行业集中度、赫芬达尔赫希曼指数、区位熵、空间基尼系数、EG 指数、DO 指数等，各种方法均有其优缺点（见表 3 - 1）。

表 3 - 1　产业集聚度测度方法比较

测度方法	计算公式	优点	缺点
集中度	$CR_n = \dfrac{\sum\limits_{i=1}^{n} X_i}{\sum\limits_{i=1}^{N} X_i}$，其中 $\sum\limits_{i=1}^{n} X_i$ 代表规模最大几个地区的销售额、就业人数等，$\sum\limits_{i=1}^{N} X_i$ 代表全部地区的销售额、就业人数等	计算方法简单，采用最常用的指标，能够形象反映产业集聚水平	容易受到 n 值选取的影响，忽视规模最大地区之外其他地区规模分布情况，不同反映规模最大地区内部之间产业结构与分布的差别
区位熵	$E_{ij} = \dfrac{q_i / \sum\limits_{i=1}^{n} q_i}{Q_i / \sum\limits_{i=1}^{n} Q_i}$，其中 q_i 为某区域部门有关指标，Q_i 为高层次区域部门有关指标	计算操作简单方便，指标选取目标明确	不能反映水平的差异性，某产业区位熵最大的地区不一定是该产业集聚水平最高的地区
赫芬达尔赫希曼指数	$H = \sum\limits_{i=1}^{N} (X_i/X)^2$，其中 X_i/X 为第 i 企业的市场占有率，X_i 代表第 i 企业的规模	能够准确反映产业或企业市场集中度，反映市场垄断与竞争程度的变化，对产业内企业的合并与分解反应灵敏且计算方法相对容易	直观性比较差

测度方法	计算公式	优点	缺点
空间基尼系数	$G = \sum_i (S_i - x_i)^2$，其中 S_i 为 i 地区某产业占全国该产业就业人数的比重，x_i 为 i 地区某产业就业人数占全国该产业就业人数的比重	相对而言比较简便直观，很方便把基尼系数转变成非常直观的图形	没有考虑企业规模差异、产业组织状况及区域差异
EG 指数	$\gamma = \dfrac{G - (1 - \sum_i x_i^2) H}{(1 - \sum_i x_i^2)(1 - H)}$，其中 G 表示空间基尼系数，H 表示赫芬达尔赫希曼指数，x_i 为 i 地区某产业就业人数占全国该产业就业人数的比重	充分考虑企业规模及区域差异带来的影响，弥补空间基尼系数的缺陷，能够进行跨产业、跨时间甚至跨国的比较	没有对其中的 H 给出合理的解释
DO 指数	$k_{A,B}(d) = \dfrac{1}{p_{(n_A,n_B)} h} \sum_{i=1}^{n_A} \sum_{j=1}^{n_B} f\left(\dfrac{d - d_{i,j}}{h}\right)$，其中 h 是窗宽，f 是核函数，$p_{(n_A,n_B)}$ 是不同企业双边距离的总数	能够评价偏离随即性的统计显著性，避免了与规模和边界有关问题	可操作性比较差

二、农业集聚测度方法的选取

农业作为自然资源依赖性较强的产业，自然条件对最初集聚格局的形成具有重要作用，但同时受到其他因素的影响，因此分析农业集聚的影响因素时不仅仅需要考虑基础性因素或者说自然资源禀赋因素，如劳动、资本、土地、技术等，而且还要考虑外部因素，如种植传统、交通设施、农业政策等。在对农业集聚进行测度时，应考虑农业产业自身的独特性，由于农业受自然禀赋与气候环境的影响，不同地区农作物种类有所不同。因此计算农业集聚度从农作物角度进行较为合理，农业集聚的测度与工业服务业的测度方法有所不同，测算农业产业集聚的方法有许多种，如基尼系数法、赫芬达尔赫希曼指数法等，本章选取区位熵进行，之所以选择这种方法，主要基于两方面原因，一是区位熵计算简单、方便，操作性强，二是区位熵不仅涉及不同的农作物，同时涉及不同的区域，有利于分析不同区域不同农作物的集聚情况。如式（3-1）所示：

$$G_{ij} = \frac{Y_{ij}/\sum\limits_{i} Y_{ij}}{\sum\limits_{j} Y_{ij}/\sum\limits_{i}\sum\limits_{j} Y_{ij}} = \frac{Y_{ij}\left(\sum\limits_{i}\sum\limits_{j} Y_{ij}\right)}{\left(\sum\limits_{i} Y_{ij}\right)\left(\sum\limits_{j} Y_{ij}\right)} \qquad (3-1)$$

其中，G_{ij} 为 i 地区 j 种农作物①的集聚度，Y_{ij} 为 i 地区 j 种农作物的产量，$\sum\limits_{j} Y_{ij}$ 为 i 地区农作物总产量，$\sum\limits_{i} Y_{ij}$ 为 j 种农作物全国总产量，$\sum\limits_{i}\sum\limits_{j} Y_{ij}$ 为全国农作物总产量。当

$$G_{ij}\begin{cases} >1,\ \text{农业专业化程度高于全国平均水平} \\ =1,\ \text{农业专业化程度与全国平均水平相当} \\ <1,\ \text{农业专业化程度低于全国平均水平} \end{cases}$$

式（3-1）从地区农作物产量与全国农作物总产量的角度进行，农业的发展离不开各种农作物的发展，因此有关农业集聚的考察，可从农作物角度进行。如果高值 G_{ij} 集中于少数几个省，该种植业是相对集聚并专业化的；如果各省之间 G_{ij} 差距不大，该分布是分散的。区位熵由于没有考虑区域内产业的绝对规模，也可能在某个区域内区位熵很大，但规模很小。为计算各地区农业集聚度，采用式（3-2）：

$$i\ \text{地区的农业集聚度}\ G_i = \frac{\sum\limits_{j} G_{ij}}{n} \qquad (3-2)$$

第二节　中国农业集聚水平分析

一、各省（自治区、直辖市）农业集聚度比较分析

根据式（3-1），计算各省（自治区、直辖市）农作物集聚度如表3-2~表3-10所示，表3-2~表3-10为2000~2017年各类农作物集聚度的变化。

---

① 本章选取的农作物主要包含谷物、豆类、薯类、棉花、油料、糖料、麻类、烟叶、蔬菜。

表3-2 2000~2017年谷物集聚度变化

省（自治区、直辖市）	2000	2005	2010	2015	2017
北京	0.538	0.480	0.737	0.627	0.515
天津	0.455	0.534	0.735	0.790	0.947
河北	0.836	0.728	0.756	0.748	0.876
山西	1.031	1.274	1.388	1.27	1.349
内蒙古	1.094	1.264	1.312	1.511	1.461
辽宁	0.876	1.226	1.011	1.064	1.293
吉林	1.443	1.869	1.814	2.123	2.102
黑龙江	1.215	1.428	1.972	2.178	2.051
上海	0.748	0.523	0.61	0.637	0.612
江苏	1.12	1.112	1.112	1.021	0.973
浙江	0.999	0.717	0.715	0.68	0.519
安徽	1.274	1.433	1.448	1.421	1.507
福建	0.813	0.669	0.619	0.529	0.458
江西	1.285	1.512	1.573	1.515	1.409
山东	0.776	0.778	0.815	0.806	0.9
河南	1.09	1.072	1.122	1.145	1.113
湖北	0.904	0.987	1.017	1.018	0.967
湖南	1.329	1.263	1.17	1.068	1.025
广东	0.712	0.632	0.573	0.506	0.455
广西	0.588	0.433	0.341	0.33	0.277
海南	0.485	0.426	0.397	0.409	0.355
重庆	1.095	1.102	0.889	0.731	0.633
四川	1.208	1.13	1.035	0.964	0.872
贵州	1.223	1.143	1.012	0.723	0.655
云南	0.904	0.864	0.749	0.729	0.697
西藏	1.974	1.74	1.562	1.527	1.42
陕西	1.431	1.352	1.089	0.987	0.885
甘肃	1.079	0.938	0.882	0.811	0.805
青海	0.949	0.647	0.561	0.573	0.568
宁夏	1.477	1.486	1.082	0.948	0.9
新疆	1.103	0.971	0.828	0.944	0.884

表 3－3　2000～2017 年豆类集聚度变化

省（自治区、直辖市）	2000	2005	2010	2015	2017
北京	0.402	0.252	0.2	0.27	0.25
天津	0.331	0.308	0.235	0.198	0.128
河北	0.533	0.301	0.233	0.246	0.166
山西	1.709	1.05	0.844	1.172	0.997
内蒙古	2.551	3.064	3.131	2.173	3.1
辽宁	0.862	0.638	0.584	0.54	0.402
吉林	2.824	2.407	2.019	1.05	1.165
黑龙江	6.076	8.279	7.248	5.925	7.46
上海	0.239	0.324	0.162	0.172	0.062
江苏	0.818	0.674	0.798	0.782	0.54
浙江	0.835	0.955	0.814	1.337	0.924
安徽	1.224	1.137	1.587	2.034	1.251
福建	0.684	0.602	0.576	0.87	0.375
江西	0.609	0.444	0.615	0.882	0.621
山东	0.489	0.288	0.213	0.25	0.192
河南	0.839	0.37	0.526	0.375	0.311
湖北	0.66	0.65	0.542	0.409	0.458
湖南	0.624	0.579	0.459	0.463	0.37
广东	0.248	0.258	0.242	0.336	0.154
广西	0.376	0.25	0.158	0.199	0.176
海南	0.183	0.159	0.152	0.198	0.167
重庆	0.633	1.089	1.187	1.576	1.124
四川	0.797	1.141	1.003	1.226	1.226
贵州	1.041	0.949	0.773	1.064	0.588
云南	0.572	1.05	1.219	2.315	1.758
西藏	1.26	1.247	1.085	1.128	1.851
陕西	0.93	1.032	1.232	0.674	0.788
甘肃	1.436	1.28	1.11	1.163	0.761
青海	2.064	3.073	2.19	1.856	0.818
宁夏	0.621	0.667	0.342	0.35	0.156
新疆	0.765	0.581	0.547	0.478	0.296

表 3 - 4　2000~2017 年薯类集聚度变化

省（自治区、直辖市）	2000	2005	2010	2015	2017
北京	0.131	0.137	0.141	0.148	0.173
天津	0.029	0.029	0.034	0.054	0.148
河北	0.472	0.346	0.416	0.414	0.702
山西	1.494	1.056	0.553	0.673	1.083
内蒙古	2.338	1.812	1.964	1.482	1.506
辽宁	0.568	0.381	0.493	0.456	0.609
吉林	0.538	0.743	0.822	0.614	0.491
黑龙江	0.554	0.661	0.926	0.65	0.553
上海	0.039	0.053	0.081	0.06	0.03
江苏	0.399	0.281	0.225	0.167	0.096
浙江	0.787	0.777	0.673	1.086	0.874
安徽	1.25	0.913	0.376	0.237	0.126
福建	2.242	2.221	2.202	2.292	1.758
江西	0.641	0.607	0.765	0.91	0.686
山东	0.646	0.523	0.599	0.536	0.306
河南	0.952	0.711	0.469	0.37	0.337
湖北	0.936	0.972	0.726	0.676	0.717
湖南	0.894	1.074	0.818	0.766	0.659
广东	1.16	1.22	1.305	1.248	0.866
广西	0.308	0.24	0.229	0.312	0.225
海南	1.355	1.576	1.314	1.31	0.833
重庆	3.415	4.503	5.036	4.821	5.21
四川	2.1	2.69	2.905	3.029	3.64
贵州	2.681	3.333	3.082	4.492	4.031
云南	1.128	1.512	1.622	1.575	1.535
西藏	0.021	0.137	0.098	0.177	0.165
陕西	1.572	0.726	1.296	1.3	1.652
甘肃	2.182	3.629	3.531	3.457	3.811
青海	2.541	5.28	5.736	5.496	6.693
宁夏	1.241	1.894	2.363	1.828	2.09
新疆	0.185	0.116	0.241	0.219	0.211

表 3 - 5　2000～2017 年棉花集聚度变化

年份 省（自治区、直辖市）	2000	2005	2010	2015	2017	年份 省（自治区、直辖市）	2000	2005	2010	2015	2017
北京	0.057	0.082	0.025	0.011	0	湖北	1.286	1.416	1.837	1.201	0.713
天津	0.614	2.508	2.44	1.148	1.227	湖南	0.755	0.761	0.822	0.554	0.415
河北	0.977	1.282	1.261	0.883	0.623	广东	0	0.002	0	0	0
山西	0.603	1.112	0.774	0.158	0.046	广西	0.003	0.002	0.004	0.006	0.002
内蒙古	0.02	0.012	0.007	0.001	0	海南	0	0	0	0	0
辽宁	0.044	0.015	0.003	0.001	0.001	重庆	0.006	0.002	0.001	0	0
吉林	0	0.01	0.029	0	0	四川	0.23	0.081	0.046	0.034	0.013
黑龙江	0	0	0	0	0	贵州	0.014	0.005	0.009	0.01	0.007
上海	0.047	0.069	0.154	0.026	0.078	云南	0.003	0.001	0.002	0.001	0.001
江苏	1.111	0.996	0.777	0.353	0.066	西藏	0	0	0	0	0
浙江	0.245	0.164	0.25	0.211	0.066	陕西	0.374	0.816	0.603	0.347	0.108
安徽	1.473	1.459	1.309	1.006	0.361	甘肃	0.997	1.282	0.753	0.388	0.315
福建	0.001	0	0.001	0.001	0	青海	0	0	0	0	0
江西	0.531	0.588	0.916	0.872	0.75	宁夏	0.001	0	0	0	0
山东	1.212	1.35	1.197	0.982	0.385	新疆	19.729	16.16	15.241	22.815	30.196
河南	1.917	1.27	0.803	0.25	0.083						

表3-6 2000~2017年油料集聚度变化

省（自治区、直辖市）\年份	2000	2005	2010	2015	2017	省（自治区、直辖市）\年份	2000	2005	2010	2015	2017
北京	0.206	0.184	0.155	0.095	0.121	湖北	1.814	2.061	2.241	2.171	1.94
天津	0.173	0.072	0.046	0.03	0.101	湖南	0.995	1.009	1.305	1.473	1.388
河北	0.715	0.63	0.573	0.568	0.546	广东	0.509	0.571	0.683	0.772	0.74
山西	0.902	0.427	0.362	0.264	0.281	广西	0.334	0.275	0.18	0.242	0.246
内蒙古	1.841	1.6	1.419	1.836	2.123	海南	0.428	0.436	0.392	0.486	0.461
辽宁	0.345	0.378	0.923	0.412	0.825	重庆	0.553	0.774	0.739	0.885	0.924
吉林	0.532	0.601	0.74	0.742	1.182	四川	1.129	1.414	1.608	1.697	1.95
黑龙江	0.37	0.517	0.195	0.112	0.078	贵州	1.333	1.496	1.029	1.409	1.408
上海	0.984	0.498	0.185	0.11	0.083	云南	0.261	0.346	0.308	0.503	0.443
江苏	1.192	1.238	0.835	0.684	0.416	西藏	1.151	1.655	1.589	1.614	1.464
浙江	0.725	0.708	0.62	0.526	0.481	陕西	0.791	0.884	0.901	0.894	0.871
安徽	2.291	2.259	1.74	1.554	1.056	甘肃	1.08	1.084	1.177	1.033	1.24
福建	0.435	0.469	0.482	0.515	0.39	青海	4.126	5.841	5.201	4.532	4.688
江西	1.128	0.954	1.391	1.486	1.402	宁夏	0.615	0.947	1.118	0.705	0.332
山东	1.096	1.078	1.044	0.939	0.964	新疆	1.218	0.624	0.756	0.649	0.749
河南	1.599	1.566	1.791	1.883	1.812						

表 3 - 7 2000 ~ 2017 年糖料集聚度变化

省（自治区、直辖市）	2000	2005	2010	2015	2017
北京	0	0	0	0	0
天津	0	0	0	0	0
河北	0.022	0.057	0.054	0.095	0.113
山西	0.164	0.026	0.125	0.027	0.009
内蒙古	0.865	0.59	0.479	0.618	0.989
辽宁	0.13	0.021	0.012	0.013	0.031
吉林	0.235	0.026	0.022	0.004	0.005
黑龙江	0.832	0.431	0.333	0.013	0.051
上海	0.159	0.339	0.06	0.016	0.012
江苏	0.058	0.041	0.015	0.013	0.01
浙江	0.477	0.414	0.314	0.295	0.263
安徽	0.1	0.058	0.046	0.039	0.03
福建	0.54	0.519	0.299	0.207	0.18
江西	0.618	0.319	0.206	0.223	0.217
山东	0	0	0	0	0
河南	0.051	0.029	0.023	0.022	0.017

省（自治区、直辖市）	2000	2005	2010	2015	2017
湖北	0.249	0.098	0.063	0.058	0.059
湖南	0.32	0.234	0.138	0.113	0.088
广东	3.135	2.689	2.711	2.877	3.024
广西	6.47	7.3	7.523	7.96	7.987
海南	5.561	4.639	4.286	3.233	2.463
重庆	0.062	0.068	0.052	0.041	0.04
四川	0.378	0.264	0.151	0.085	0.067
贵州	0.463	0.389	0.24	0.614	0.315
云南	5.317	4.397	4.243	4.167	3.808
西藏	0	0	0	0	0
陕西	0.014	0.002	0.001	0.001	0.001
甘肃	0.38	0.102	0.109	0.065	0.096
青海	0.007	0.002	0.002	0	0.002
宁夏	0.012	0.002	0.001	0	0
新疆	2.077	2.185	1.486	1.309	1.509

表3-8 2000~2017年麻类集聚度变化

省（自治区、直辖市）	2000	2005	2010	2015	2017	省（自治区、直辖市）	2000	2005	2010	2015	2017
北京	0	0	0	0	0	湖北	1.816	0.949	2.384	2.349	0.253
天津	0.029	0	0	0	0	湖南	2.79	2.786	4.367	1.577	0.414
河北	0.217	0.084	0.029	0.031	0	广东	0.097	0.029	0.039	0.035	0
山西	0.079	0	0.042	0	0	广西	0.419	0.13	0.488	0.667	0.346
内蒙古	0.079	0.926	0.113	0	1.033	海南	0.686	0.128	0.421	0.434	0
辽宁	0.059	0.003	0	0	0	重庆	0.835	0.626	2.486	2.108	1.663
吉林	0.092	0.188	0.021	0	0	四川	1.312	1.161	3.906	4.944	2.649
黑龙江	8.802	8.595	1.561	2.023	10.391	贵州	0.26	0.074	0.156	0.257	0.235
上海	0	0	0	0	0	云南	0.103	3.746	0.513	0.064	0
江苏	0.097	0.075	0.112	0.08	0.063	西藏	0	0	0	0	0
浙江	0.168	0.047	0.064	0.084	0	陕西	0.102	0.049	0.098	0.144	0.117
安徽	1.556	0.742	1.843	3.01	0.339	甘肃	0.318	1.044	0.486	0.823	0.72
福建	0.066	0.019	0.074	0.085	0	青海	0	0	0	0	0
江西	1.029	0.44	1.342	1.348	1.082	宁夏	0.049	0	0	0	0
山东	0.108	0.017	0.006	0.005	0	新疆	3.912	7.622	2.193	1.87	0.88
河南	0.827	0.365	1.307	1.506	1.109						

表3-9 2000~2017年烟叶集聚度变化

省（自治区、直辖市）	2000	2005	2010	2015	2017
北京	0	0	0	0	0
天津	0.006	0	0	0	0
河北	0.07	0.046	0.029	0.03	0.013
山西	0.38	0.145	0.266	0.202	0.141
内蒙古	0.249	0.296	0.18	0.136	0.079
辽宁	0.426	0.403	0.285	0.292	0.387
吉林	0.947	0.756	0.816	0.539	0.239
黑龙江	0.936	0.72	0.728	0.521	0.371
上海	0	0	0	0	0
江苏	0.006	0.005	0.003	0	0
浙江	0.042	0.065	0.054	0.031	0.036
安徽	0.299	0.249	0.245	0.36	0.207
福建	1.834	2.285	2.443	3.038	3.378
江西	0.246	0.305	0.523	0.818	0.941
山东	0.416	0.257	0.227	0.227	0.251
河南	1.301	1.152	1.024	1.131	1.198

省（自治区、直辖市）	2000	2005	2010	2015	2017
湖北	1.004	0.896	0.957	0.693	0.627
湖南	1.386	1.748	1.598	1.718	1.857
广东	0.465	0.536	0.459	0.487	0.452
广西	0.256	0.165	0.113	0.13	0.138
海南	0.01	0	0	0.005	0
重庆	2.145	1.874	1.448	1.602	1.487
四川	1.057	1.268	1.58	1.531	1.43
贵州	7.015	7.46	7.176	6.076	4.749
云南	7.341	8.653	9.604	8.838	9.866
西藏	0.034	0	0	0	0
陕西	1.814	1.324	1.17	1.302	0.82
甘肃	1.14	0.835	0.243	0.22	0.112
青海	0.049	0.147	0.114	0	0
宁夏	0.153	0.071	0.138	0.127	0.063
新疆	0.124	0.013	0.002	0	0

表3-10 2000~2017年蔬菜集聚变化

省（自治区、直辖市）	2000	2005	2010	2015	2017
北京	1.761	1.704	1.505	1.534	1.66
天津	1.845	1.649	1.494	1.415	1.302
河北	1.407	1.454	1.434	1.392	1.304
山西	1.057	0.986	0.929	1.011	0.914
内蒙古	0.716	0.72	0.742	0.617	0.512
辽宁	1.362	1.093	1.227	1.18	0.963
吉林	0.726	0.501	0.562	0.376	0.275
黑龙江	0.683	0.537	0.254	0.263	0.2
上海	1.506	1.6	1.593	1.529	1.59
江苏	1.103	1.126	1.154	1.205	1.265
浙江	1.148	1.359	1.395	1.366	1.554
安徽	0.787	0.76	0.811	0.834	0.773
福建	1.205	1.307	1.403	1.44	1.592
江西	0.854	0.783	0.715	0.734	0.796
山东	1.424	1.39	1.367	1.341	1.298
河南	1.042	1.117	1.089	1.054	1.077
湖北	1.179	1.115	1.117	1.109	1.163
湖南	0.841	0.936	1.036	1.092	1.139
广东	0.963	1.049	1.045	1.084	1.167
广西	0.582	0.505	0.415	0.47	0.557
海南	0.748	0.869	0.908	1.112	1.354
重庆	0.924	0.879	1.08	1.185	1.306
四川	0.834	0.9	1.013	1.054	1.114
贵州	0.702	0.807	1.018	1.084	1.268
云南	0.379	0.505	0.561	0.644	0.761
西藏	0.36	0.632	0.782	0.791	0.817
陕西	0.749	0.925	1.103	1.171	1.25
甘肃	0.912	1.018	1.127	1.185	1.204
青海	0.85	0.844	1.063	1.114	1.148
宁夏	0.774	0.776	1.083	1.199	1.266
新疆	0.601	0.753	0.976	0.899	0.855

从谷物集聚度变化看，谷物集聚度高于全国水平的省（自治区、直辖市）为山西、内蒙古、吉林、黑龙江、安徽、江西、河南、湖南等，可以看出谷物集聚度较高的省（自治区、直辖市）主要集中在中西部地区，东部地区的相对较低。谷物作为最基本的粮食作物，在生活中是不可或缺的，而中国的粮食主产区主要集中于中西部地区，这主要是受气候、土地等相关自然资源的影响。从豆类集聚度变化看，豆类集聚度高于全国水平的省（自治区、直辖市）为内蒙古、吉林、黑龙江、安徽、云南、西藏等，可以看出豆类集聚度较高的省（自治区、直辖市）主要集中在中西部地区。从薯类集聚度变化看，薯类集聚度高于全国水平的省（自治区、直辖市）为内蒙古、福建、重庆、四川、贵州、云南、甘肃、青海、宁夏等，可以看出薯类集聚度较高的省（自治区、直辖市）主要集中在西部地区。从棉花集聚度变化看，棉花集聚度高于全国水平的省（自治区、直辖市）为新疆等，可以看出棉花集聚度较高的省（自治区、直辖市）主要集中在中西部地区。从油料集聚度变化看，油料集聚度高于全国水平的省（自治区、直辖市）为内蒙古、安徽、江西、河南、湖北、四川、贵州、西藏、甘肃、青海等，可以看出油料集聚度较高的省（自治区、直辖市）主要集中在西部地区。从糖料集聚度变化看，糖料集聚度高于全国水平的省（自治区、直辖市）为广东、广西、海南、云南、新疆等，可以看出糖料集聚度较高的省（自治区、直辖市）主要集中在西部地区。从麻类集聚度变化看，麻类集聚度高于全国水平的省（自治区、直辖市）为黑龙江、四川、新疆等，可以看出麻类集聚度较高的省（自治区、直辖市）主要集中在中西部地区。从烟叶集聚度变化看，烟叶集聚度高于全国水平的省（自治区、直辖市）为福建、河南、湖南、重庆、四川、贵州、云南等，可以看出烟叶集聚度较高的省（自治区、直辖市）主要集中在西部地区。从蔬菜集聚度变化看，蔬菜集聚度高于全国水平的省（自治区、直辖市）为北京、天津、河北、上海、江苏、浙江、福建、山东、河南、湖北等，可以看出蔬菜集聚度较高的省（自治区、直辖市）主要集中在东部地区。各种农作物之间的集聚度存在明显的差异，不同地区集聚度之间也存在明显的差异。

运用式（3-1）、式（3-2），得出观察期内中国各省（自治区、直辖市）农业集聚的变动态势。结果如表3-11所示。

表 3－11 2000～2017 年各省（自治区、直辖市）农业集聚度变化

省（自治区、直辖市）	2000	2005	2010	2015	2017
北京	0.344	0.315	0.307	0.298	0.302
天津	0.387	0.567	0.554	0.404	0.428
河北	0.583	0.548	0.532	0.49	0.483
山西	0.824	0.675	0.587	0.531	0.536
内蒙古	1.084	1.143	1.039	0.93	1.2
辽宁	0.519	0.462	0.504	0.44	0.501
吉林	0.815	0.789	0.761	0.605	0.606
黑龙江	2.163	2.352	1.468	1.298	2.351
上海	0.413	0.379	0.316	0.283	0.266
江苏	0.656	0.616	0.559	0.478	0.382
浙江	0.603	0.578	0.545	0.624	0.524
安徽	1.139	1.002	1.045	1.166	0.628
福建	0.869	0.899	0.9	0.997	0.904
江西	0.771	0.661	0.894	0.977	0.878
山东	0.685	0.631	0.608	0.565	0.477
河南	1.069	0.85	0.906	0.86	0.784
湖北	1.094	1.016	1.209	1.076	0.766
湖南	1.104	1.154	1.301	0.98	0.817
广东	0.81	0.776	0.784	0.816	0.762
广西	1.037	1.033	1.05	1.146	1.106
海南	1.051	0.915	0.874	0.799	0.626
重庆	1.074	1.213	1.435	1.439	1.376
四川	1.005	1.117	1.472	1.618	1.44
贵州	1.637	1.74	1.61	1.748	1.473
云南	1.779	2.342	2.091	2.093	2.097
西藏	0.533	0.601	0.568	0.582	0.635
陕西	0.864	0.79	0.833	0.758	0.721
甘肃	1.058	1.246	1.047	1.016	1.007
青海	1.176	1.76	1.652	1.508	1.546
宁夏	0.549	0.649	0.681	0.573	0.534
新疆	3.302	3.225	2.475	3.242	3.953

表 3 - 11 显示，中国各省（自治区、直辖市）农业集聚度变化呈现以下特征：

（1）中国各省（自治区、直辖市）的农业集聚差异明显。北京相对较低，2000～2017 年介于 0.25～0.40，上海 2000～2017 年均在 0.25～0.45，区位熵相对较低且变化幅度较小。专业化程度超过全国水平的地区主要集中在中西部地区，如中部地区的安徽、黑龙江等，其区位熵均在 1.00 以上，西部地区的贵州、四川等省（自治区、直辖市）亦是如此。这与中国的区域发展有关，东部地区主要以制造业、服务业为主，农业的发展相对较慢，对农产品等的需求主要来自国外或中西部地区，中西部地区的表现则有所不同，中国粮食主产区、农业示范区等主要集中在中西部地区。西部地区的气候条件、区域优势等对西部地区发展特色农业较为有利，进一步推动农业集聚的发展。

（2）中国各省（自治区、直辖市）农业集聚的变化趋势不同。东部地区的北京、河北、上海、江苏、浙江、山东、海南等省（自治区、直辖市）在 2000～2017 年的农业集聚基本呈现下降趋势，东中西部地区相比较，东部地区较为发达，主要以制造业和服务业发展为主，农业生产的效率、收益较低，劳动力不愿从事农业生产。辽宁 2000～2017 年呈现先下降后上升再下降再上升的趋势，至 2017 年为 0.501。辽宁的农业虽然取得长足进步，但农业现代化仍显滞后，面临农田基础设施水平、农民组织化程度较低，同时农村劳动力的减少，老龄化的提高，农产品竞争力下降等问题使得辽宁农业可持续发展面临极大的挑战。

中部地区的山西在 2000 年农业集聚度为 0.824，之后至 2017 年基本呈现下降趋势，2017 年为 0.536；吉林在 2000～2017 年基本呈现下降趋势，由 2000 年的 0.815 下降到 2017 年的 0.606，黑龙江在 2000～2017 年呈现上升下降上升的趋势，安徽、江西、河南、湖北、湖南在 2000～2017 年均表现为先下降后上升再略下降的趋势。中部地区作为农业大省的集聚区，除山西外，中部地区的其余省（自治区、直辖市）都是农业优化发展区域，农业优化发展区域具备农业生产条件、潜力大的优势，吉林、黑龙江作为现代粮畜产品生产基地，适度规模化成为农业发展的方式，河南、安徽的"菜篮子"产品的现代农业生产体系，促进农业产业的集聚，长江中下游地区的江西、湖北、湖南的健康安全的生产模式，提高了农产品的质量，影响农业发展。

西部地区的内蒙古在2000～2017年的农业集聚水平介于0.9～1.2，变化趋势呈现先上升后下降再上升的趋势，云南、西藏、青海、新疆的变化趋势亦是如此。广西的农业集聚水平高于全国农业集聚水平，在2000～2017年呈现先下降后上升再下降的趋势，陕西也是如此，但陕西的农业集聚水平低于全国水平，2000～2017年重庆、四川、甘肃、宁夏呈现先上升后下降的趋势，2000～2017年贵州农业集聚水平呈现不稳定变化趋势，但变化幅度相对较小。相比东部地区而言，西部地区的生态农业、特色农业、观光农业的发展，促进西部地区的农业集聚度较高。

二、各地区农业集聚度比较分析

根据式（3－1）及式（3－2）计算东部、中部、西部地区各种农作物集聚度的变化趋势，如图3－1～图3－9所示，图3－1～图3－9为2000～2017年东中西部地区各类农作物集聚度的变化。

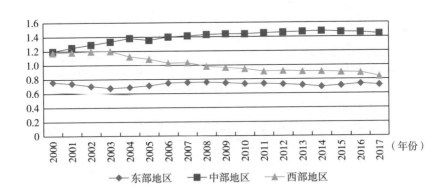

图3－1　东、中、西部地区谷物集聚度比较分析

农业集聚与农业发展——基于城镇化视角

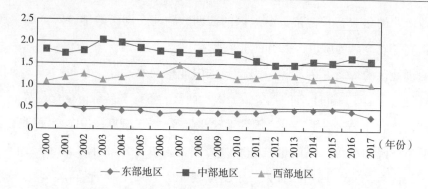

图3-2 东、中、西部地区豆类集聚度比较分析

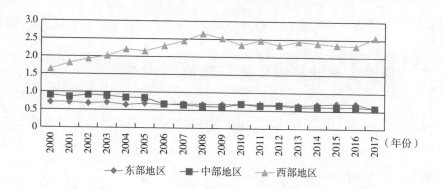

图3-3 东、中、西部地区薯类集聚度比较分析

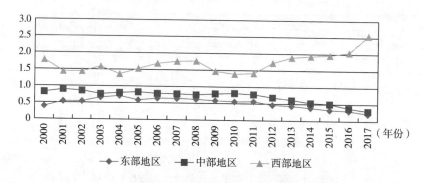

图3-4 东、中、西部地区棉花集聚度比较分析

·42·

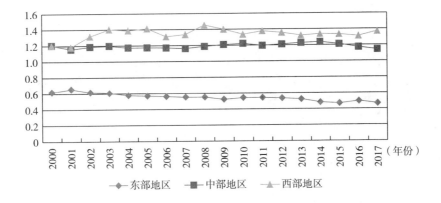

图 3 - 5　东、中、西部地区油料集聚度比较分析

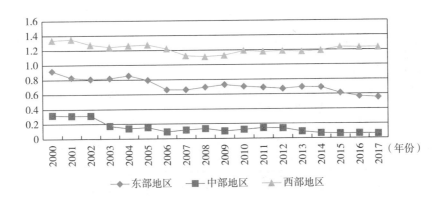

图 3 - 6　东、中、西部地区糖料集聚度比较分析

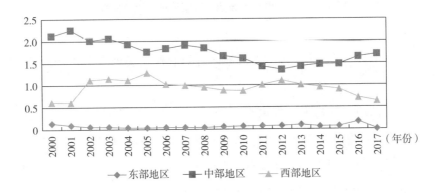

图 3 - 7　东、中、西部地区麻类集聚度比较分析

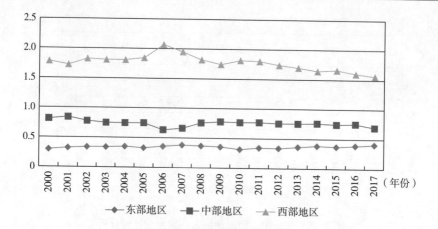

图3-8 东、中、西部地区烟叶集聚度比较分析

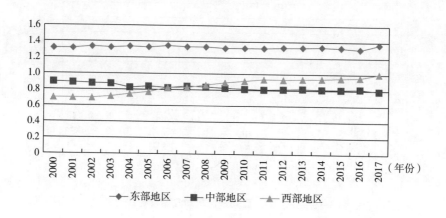

图3-9 东、中、西部地区蔬菜集聚度比较分析

图3-1～图3-9显示，东中西部地区各类农作物集聚度比较分析呈现以下特征：

从东中西部地区谷物集聚度来看，2000～2017年东部地区谷物集聚度呈现波动性变化趋势，集聚度介于0.67～0.76，中部地区整体呈现上升趋势，且中部地区集聚度高于1，西部地区谷物集聚度基本呈现下降趋势，但西部地区在2000～2008年均高于1，之后至2017年均低于1，意味着中部地区的集聚度高于全国水平，东部地区的集聚度低于全国水平。

从东中西部地区豆类集聚度来看,2000~2017 年东部地区豆类集聚度呈现下降上升再下降的趋势,但东部地区的集聚度低于 1,介于 0.30~0.52,意味着东部地区的集聚度低于全国水平,中部地区豆类集聚度呈现先上升后下降再上升的趋势,中部地区的集聚度高于 1,介于 1.47~2.04,意味着中部地区的集聚度高于全国水平,西部地区豆类集聚度呈现先下降后上升趋势,西部地区的集聚度均高于 1,介于 1.05~1.47,意味着西部地区的豆类集聚度高于全国水平。

从东中西部地区薯类集聚度来看,2000~2017 年东部地区薯类集聚度变化幅度不大,介于 0.58~0.72,意味着东部地区的集聚度低于全国水平,中部地区薯类集聚度整体呈现下降趋势,中部地区的集聚度低于 1,介于 0.58~0.92,意味着中部地区的集聚度低于全国水平,西部地区薯类集聚度在 2000~2008 年基本呈现上升趋势,之后至 2010 年下降,2011~2016 年变化幅度较小,2017 年有所回升,西部地区的集聚度均高于 1,介于 1.64~2.66,意味着西部地区的薯类集聚度高于全国水平。

从东中西部地区棉花集聚度来看,2000~2017 年东部地区棉花集聚度呈现先上升后下降的趋势,东部地区的集聚度低于 1,介于 0.21~0.71,意味着东部地区的集聚度低于全国水平,中部地区棉花集聚度基本呈现下降的趋势,2000~2017 年均低于 1,介于 0.29~0.90,2000~2017 年西部地区棉花集聚度呈现先下降后上升再下降再上升的趋势,西部地区的集聚度均高于 1,介于 1.36~2.56,意味着西部地区的棉花集聚度高于全国水平。

从东中西部地区油料集聚度来看,2000~2017 年东部地区油料集聚度呈现下降趋势,东部地区的集聚度低于 1,介于 0.46~0.66,意味着东部地区的集聚度低于全国水平,中部地区油料集聚度整体呈现先上升后下降的趋势,但变化幅度不大,中部地区的集聚度高于 1,介于 1.14~1.24,意味着中部地区的集聚度高于全国水平,西部地区油料集聚度呈现先上升后下降再上升趋势,但西部地区油料集聚度均高于 1,介于 1.18~1.46,意味着西部地区的油料集聚度高于全国水平。

从东中西部地区糖料集聚度来看,2000~2017 年东部地区糖料集聚度基本呈现下降趋势，东部地区的集聚度低于1，介于0.55～0.92，意味着东部地区的集聚度低于全国水平，中部地区糖料集聚度基本呈现下降的趋势，中部地区的集聚度均低于1，介于0.05～0.33，意味着中部地区的集聚度低于全国水平，西部地区糖料集聚度呈现先下降后上升的趋势，西部地区的集聚度均高于1，介于1.10～1.36，意味着西部地区的糖料集聚度高于全国水平。

从东中西部地区麻类集聚度来看，2000～2017年东部地区麻类集聚度呈现先下降后上升再下降趋势，变化幅度较小，东部地区的集聚度低于1，介于0.005～0.18，意味着东部地区的集聚度低于全国水平，中部地区麻类集聚度整体呈现先下降后上升的趋势，中部地区的集聚度高于1，介于1.34～2.26，意味着中部地区的集聚度高于全国水平，西部地区麻类集聚度呈现先上升后下降的趋势，介于0.60～1.29。

从东中西部地区烟叶集聚度来看，2000～2017年东部地区烟叶集聚度基本呈现上升趋势，东部地区的集聚度低于1，介于0.29～0.42，意味着东部地区的集聚度低于全国水平，中部地区烟叶集聚度基本呈现下降趋势，但变化幅度不大，中部地区的集聚度低于1，介于0.63～0.84，意味着中部地区的集聚度低于全国水平，西部地区烟叶集聚度基本呈现先上升后下降的趋势，西部地区的集聚度均高于1，介于1.56～2.07，意味着西部地区的烟叶集聚度高于全国水平。

从东中西部地区蔬菜集聚度来看，2000～2017年东部地区蔬菜集聚度变化幅度不大，但东部地区的集聚度高于1，介于1.30～1.37，中部地区蔬菜集聚度呈现先上升后下降的趋势，中部地区的集聚度介于0.92～1.14，意味着中部地区的集聚度低于全国水平，西部地区蔬菜集聚度基本呈现上升的趋势，西部地区的集聚度低于1，介于0.69～1.01，意味着西部地区的蔬菜集聚度低于全国水平。

根据式（3－1）及式（3－2）计算东部、中部、西部地区农业集聚的变化趋势，如图3－10所示。

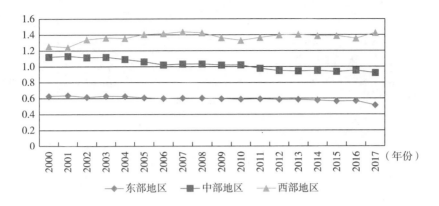

图 3 – 10 东、中、西部地区农业集聚度比较分析

　　东中西部地区相比较，东部地区的农业集聚度低于中西部地区。2000～2017年东部地区的农业集聚度基本呈现下降趋势，但变化幅度不大，其介于0.51～0.64，最高的2001年为0.636，最低的2017年为0.514，2000～2017年中部地区的农业集聚度基本呈现先略微上升后下降的趋势，其介于0.92～1.14，最高的2001年为1.132，最低的2017年为0.921；从西部地区来看，2000～2017年西部地区的农业集聚度基本呈现上升趋势，其介于1.24～1.44，最高的2007年为1.438，最低的2001年为1.243。据此可得，东部地区的农业集聚程度是低于中西部地区。中国的农业大省（自治区、直辖市）主要集中在中西部地区，大量的农业示范区、特色农业等也主要集中在中西部地区。2015年5月发布的《全国农业可持续发展规划（2015 – 2030年)》将全国划分为优化发展区、适度发展区和保护发展区等区域，这就意味着农业的发展在一定程度上受到区位优势的限制。

三、中国农业集聚度比较分析

　　根据式（3 – 1）、式（3 – 2）计算中国农业集聚度及各农作物的集聚度，得到如图3 – 11所示的2000～2017年中国农业集聚度变化趋势。

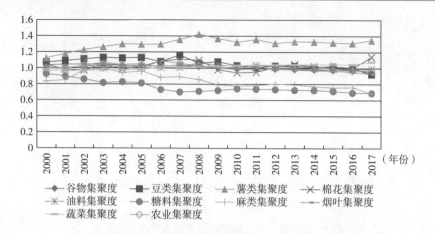

图3-11 中国农业集聚度变化趋势

　　图3-11显示，2000~2017年中国谷物集聚度整体呈现先上升后下降的趋势，至2017年谷物集聚度仅为0.951，而最高的2003年集聚度为1.049；2000~2017年中国豆类集聚度整体呈现先略微上升后下降趋势，至2017年豆类集聚度仅为0.924，最高的2007年为1.163，2000~2017年中国薯类集聚度整体呈现先上升后下降的趋势，最低的2000年为1.123，最高的2008年达到1.422，2000~2017年中国棉花、油料集聚度均呈现波动性变动趋势，2000~2017年分别介于0.944~1.142、0.985~1.067，2000~2017年糖料集聚度整体呈现下降趋势，由2000年的0.926下降到2017年的0.690，2000~2017年麻类集聚度整体呈现先上升后下降的趋势，具体为2000~2003年呈现上升趋势，之后至2017年呈现下降趋势，最高的2003年为0.996，最低的2017年为0.687，2000~2017年中国烟叶集聚度整体呈现下降趋势，由2000年的1.005下降到2017年的0.930，2000~2017年蔬菜集聚度整体呈现上升的趋势，至2017年蔬菜集聚度为1.079。2000~2017年中国农业集聚度整体呈现先上升后下降的趋势，具体看，2000~2007年呈现波动性上升趋势，之后至2017年呈现下降趋势，2017年仅为0.971。

第三节 中国农业集聚的影响因素分析

一、理论分析

农业集聚与农业产出之间存在密切关系，因此影响农业产出的因素将对农业集聚产生一定的影响。农业是自然禀赋较强的产业，农业的发展受到自然禀赋资源的影响，根据生产函数，劳动、资本、技术、耕地是影响农业发展的基本因素，同时农业的发展不仅受到这些基础因素的影响，同时外部因素对农业发展也有一定的影响，如农村的交通设施水平、市场开放度等（杜建军等，2017）。参考杜建军等（2017）的相关研究，有关农业产出的函数 Y_{ij} 采用柯布道格拉斯生产函数的扩展形式：

$$Y_{ij} = K_{ij}^{\alpha} L_{ij}^{\beta} A_{ij}^{\gamma} R_{ij}^{\delta} T_{ij}^{\sigma} O_{ij}^{\tau} \tag{3-3}$$

其中，α、β、γ、δ、σ、τ 为参数，均大于 0，被解释变量为农业产出 Y，采用农业增加值衡量，解释变量农业资本数量 K 采用农业施肥量衡量，农业劳动力数量 L 采用乡村从业人员数代替，机械动力水平 A 采用农业机械总动力衡量，耕地数量 R 采用农作物播种面积衡量，交通设施水平 T 采用公路通车里程衡量，对外开放度 O 采用进出口数量衡量。农业产业集聚过程中，农业集聚与各生产要素的关系如何，以资本为例。由于农业集聚与农业产出存在密切的关系，产出与资本的投入存在相关性，因此就农业集聚对资本求导，得到式（3-4）：

$$\frac{\partial G_{ij}}{\partial K_{ij}} = \frac{\partial G_{ij}}{\partial Y_{ij}} \frac{\partial Y_{ij}}{\partial K_{ij}} \tag{3-4}$$

结合式（3-2）、式（3-3），将式（3-4）进行转化可得式（3-5）：

$$\frac{\partial G_{ij}}{\partial K_{ij}} = \frac{(\sum_i \sum_j Y_{ij} + Y_{ij}) \sum_i Y_{ij} \sum_j Y_{ij} - Y_{ij} \sum_i \sum_j Y_{ij} (\sum_j Y_{ij} + \sum_i Y_{ij})}{(\sum_i Y_{ij})^2 (\sum_j Y_{ij})^2}$$

$$\alpha K_{ij}^{\alpha-1} L_{ij}^{\beta} A_{ij}^{\gamma} R_{ij}^{\delta} T_{ij}^{\nu} O_{ij}^{\tau} \tag{3-5}$$

因为 $\frac{\partial Y_{ij}}{\partial K_{ij}} = \alpha K_{ij}^{\alpha-1} L_{ij}^{\beta} A_{ij}^{\gamma} R_{ij}^{\delta} T_{ij}^{\nu} O_{ij}^{\tau} > 0$，所以 $\frac{\partial G_{ij}}{\partial K_{ij}}$ 的正负由 $\frac{\partial G_{ij}}{\partial Y_{ij}}$ 决定。

令 $m = \sum_i Y_{ij}$，$n = \sum_j Y_{ij}$，$p = \sum_i \sum_j Y_{ij}$，因此

$$\frac{\partial G_{ij}}{\partial Y_{ij}} = \frac{(mn - mp - np)Y_{ij} + mnp}{m^2 n^2}$$

当 $\frac{\partial G_{ij}}{\partial Y_{ij}} = 0$ 时，$\frac{\partial G_{ij}}{\partial K_{ij}} = 0$，解得 $Y_{ij}^* = \frac{mnp}{mp + np - mn}$。

当 $Y_{ij} = Y_{ij}^*$ 时，意味着农业资本增加对农业集聚的影响最大，当 $Y_{ij} > Y_{ij}^*$ 时，此时农业资本增加推动农业集聚，当 $Y_{ij} < Y_{ij}^*$ 时，农业资本增加抑制农业集聚，其他投入要素亦是如此。由此提出以下假设：

假设：农业生产要素对农业集聚的影响，与农业发展相关，农业生产要素对农业集聚的影响具有不确定性。

二、模型构建

为了更好地分析农业集聚及其影响因素是否产生溢出效应，即是否对其相邻地区产生影响，这部分采用空间计量方法，将地理位置与空间考虑在模型中，通过运用统计和计量方法对空间数据的变动规律进行度量和识别，之所以选择这一方法，基于两方面，一是该方法将空间要素考虑进去，对空间效应进行分析；二是考虑到农业集聚的资源禀赋效应，对其周边的影响，但受到地理距离的限制。在建立空间计量模型前，要对变量的空间相关性进行检验，以此来检验空间计量模型的适用性。

1. 空间相关性检验

（1）全局空间相关性检验。农业虽然是资源禀赋较强的产业，但对周围地

区可能具有辐射效应，为更好地分析区域内、区域间的影响，运用全局空间自相关和局部空间自相关来进行分析，过程如下：

全局空间自相关，如式（3－6）所示：

$$I = \frac{n \sum\limits_{i=1}^{n} \sum\limits_{k=1}^{n} W_{ik}(X_i - \overline{X})(X_k - \overline{X})}{\sum\limits_{i=1}^{n} \sum\limits_{k=1}^{n} W_{ik} \sum\limits_{i=1}^{n} (X_i - \overline{X})^2} \qquad (3-6)$$

其中，$\overline{X} = \dfrac{1}{n} \sum\limits_{i=1}^{n} X_i$，$X_i$ 为第 i 区的观测值（包含不同变量不同区域的观测值），n 为地区总数 [包含31省（自治区、直辖市）]，W_{ik} 为邻接空间权数，W_{ik}、I 的界定如下：

$$W_{ik} = \begin{cases} 0，当两区域不相邻时 \\ 1，当两区域相邻时 \end{cases}$$

$$I = \begin{cases} (0,1)，相邻或相近区域存在空间分布正相关性 \\ (-1,0)，相邻或相近区域存在空间分布负相关性 \\ 1，相邻或相近区域空间分布正相关程度极高 \\ -1，相邻或相近区域空间分布负相关程度极高 \\ 0，相邻或相近区域空间分布不相关 \end{cases}$$

（2）局部空间相关性检验。全局空间自相关一定程度上能够掩盖空间局部不稳定性，因此为进一步识别哪些区域对全局空间自相关的贡献更大，农业集聚水平属于高水平还是低水平与区域相关，需要进行局部相关性检验。本节选择 Moran 散点图用于描绘局部空间相关性，说明各个指标的高观测值或低观测值的空间集聚情况（见图3－12）。其中，Z 代表对应区域单元，WZ 代表与其相邻近区域单元。

2. 空间计量模型

在空间相关的情况下，本节分析农业集聚的影响因素选取空间滞后模型。之所以选择这一模型主要基于空间滞后模型可以避免 OLS 估计的有偏性和不一致性，能够说明相关变量的空间溢出性。本节所构建的空间滞后模型如式（3－7）所示：

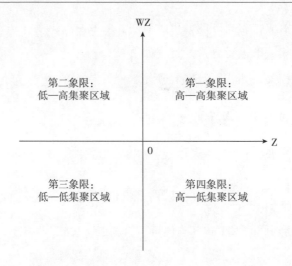

图 3 – 12 Moran 散点图的局部空间联系形式

$$\ln G_{ijt} = C + \rho W \ln G_{ijt-1} + \alpha \ln K_{ijt} + \beta \ln L_{ijt} + \gamma \ln A_{ijt} + \delta \ln R_{ijt} + \sigma \ln T_{ijt} + \tau \ln O_{ijt} \qquad (3-7)$$

其中，G 为因变量，ρ 为空间回归相关系数，$W\ln G_{ijt-1}$ 为空间滞后因变量，W 为相邻权重矩阵，相邻的空间单位的权重为 1，其他为 0，K、L、A、R、T 为自变量，含义与式（3-3）的含义相同，α、β、γ、δ、σ、τ 为回归系数。

由于农业集聚与各变量之间不一定是线性关系，不同时期不同程度的各变量对农业集聚的影响不同，为了更好地分析各变量与农业集聚之间的关系，引入非线性模型加以验证，能够进一步考察各因素对农业集聚的影响。如果出现二次项一次项均为正，说明解释变量对农业集聚具有持续促进作用，如果出现二次项为正一次项为负，说明解释变量对农业集聚具有先抑制后促进作用，如果出现二次项为负一次项为正，说明解释变量对农业集聚具有先促进后抑制作用，如果出现二次项一次项均为负，说明解释变量对农业集聚具有持续抑制作用。非线性模型构建如式（3-8）所示：

$$\ln G_{ijt} = C + \rho \ln G_{ijt-1} + \rho_1 (\ln G_{ijt-1})^2 + \alpha \ln K_{ijt} + \alpha_1 (\ln K_{ijt})^2 + \beta \ln L_{ijt} + \beta_1 (\ln L_{ijt})^2 +$$
$$\gamma \ln A_{ijt} + \gamma_1 (\ln A_{ijt})^2 + \delta \ln R_{ijt} + \delta_1 (\ln R_{ijt})^2 + \sigma \ln T_{ijt} + \sigma_1 (\ln T_{ijt})^2 +$$
$$\tau \ln O_{ijt} + \tau_1 (\ln O_{ijt})^2 \qquad (3-8)$$

上述模型构建主要是从空间相关性进行检验，对于空间异质性采用基于地理加权回归模型。空间异质性在本节指不同省份，农业资本、农业劳动、农业技术水平、农业耕地面积、交通设施、市场开放度等因素方面具有较大的不同，导致农业集聚存在系统性差异，这些差异依靠空间滞后模型无法得出，它仅仅涉及对相邻地区的影响，地理加权回归模型可以得出非相邻地区的影响，具体的地理加权模型如式（3-9）所示：

$$\ln G_{it} = C + \alpha W(\mu_m, \nu_n)\ln K_{it} + \beta W(\mu_m, \nu_n)\ln L_{it} + \gamma W(\mu_m, \nu_n)\ln A_{it} +$$
$$\delta W(\mu_m, \nu_n)\ln R_{it} + \sigma W(\mu_m, \nu_n)\ln T_{it} + \tau W(\mu_m, \nu_n)\ln O_{it} \qquad (3-9)$$

其中，$W(\mu_m, \nu_n)$ 为空间权重矩阵，由各省份之间的距离构成，(μ_m, ν_n) 为 m、n 省份之间的距离，采用各省份之间的距离表示，其他变量与式（3-3）相同。

三、数据来源及说明

本部分考察时段为 2000~2017 年，由于农业的特殊性，在计算农业集聚时，运用的是农作物产量来反映农业的发展水平和规模，鉴于数据的可获得性和数据口径的一致性，各地区农作物数据来自《中国统计年鉴》（2001~2018）。根据区位熵的计算公式，计算观察期内中国农业集聚的变动态势（见表 3-12）。

表 3-12　主要变量的描述性统计

变量	均值	最大值	最小值	标准差	观察值
$\ln GDP$	6.433	8.447	3.215	1.179	558
$\ln G$	-0.105	0.914	-0.989	0.441	558
$\ln U$	3.836	4.495	3.031	0.316	558
$\ln K$	4.639	6.574	0.916	1.203	558
$\ln L$	6.447	8.071	3.584	1.031	558
$\ln A$	7.398	9.499	4.557	1.090	558
$\ln R$	8.107	9.600	4.795	1.148	558
$\ln T$	2.324	3.428	1.099	0.371	558
$\ln O$	3.386	7.634	-8.517	2.673	558

注：GDP 代表农业产业增长水平。

四、实证结果分析与讨论

1. 空间自相关检验

根据区位熵的计算式（3-1）、式（3-2），计算观察期内中国农业集聚的变动态势。运用式（3-6）对中国农业集聚全局空间自相关检验，结果如表3-13所示：

表3-13　农业集聚的 Moran 指数

年份	2000	2001	2002	2003	2004	2005	2006	2007	2008
农业集聚	0.204	0.194	0.219	0.239	0.247	0.268	0.337	0.370	0.341
年份	2009	2010	2011	2012	2013	2014	2015	2016	2017
农业集聚	0.366	0.417	0.431	0.417	0.438	0.455	0.457	0.379	0.351

对中国 31 省（自治区、直辖市）的农业集聚全局空间自相关检验，分析地理空间上是否存在相关性。农业集聚的 Moran 指数通过显著性检验，2000～2017 年农业集聚的 Moran 指数介于 0.19～0.50。也就是说，整体上看，存在空间正相关性，但整体的空间相关程度并不是很高，究其原因这与农业自身的特征有关，农业是资源禀赋性较强的产业，受到土地、气候、生态环境等的影响，空间距离较远的地区在自然禀赋方面存在很大的差异，这就造成农业的发展可能会对相邻地区产生影响，具有外溢性，但对空间距离较远的地区影响相对较弱。

由于空间自相关检验的缺陷性，本节进行局部自相关检验，以 2000 年、2005 年、2010 年、2015 年、2017 年的数据分析局部空间相关性，2000 年、2005 年、2010 年、2015 年、2017 年 Moran 散点图分别如图 3-13～图 3-17 所示。

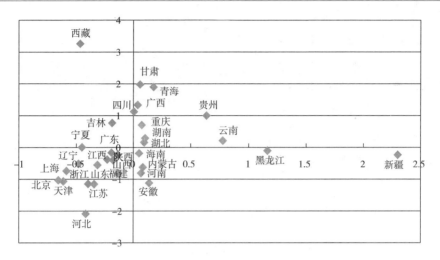

图 3 – 13   2000 年农业集聚的 Moran 散点图

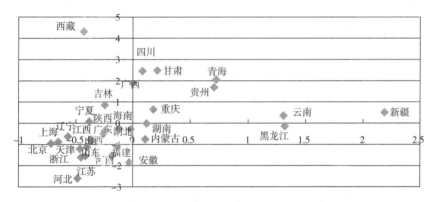

图 3 – 14   2005 年农业集聚的 Moran 散点图

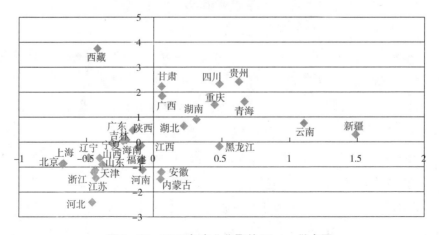

图 3 – 15   2010 年农业集聚的 Moran 散点图

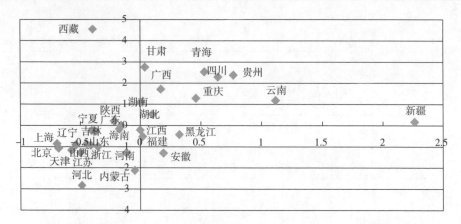

图 3—16 2015 年农业集聚的 Moran 散点图

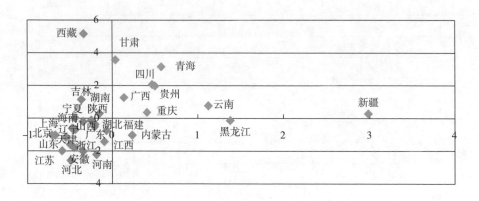

图 3—17 2017 年农业集聚的 Moran 散点图

从 2000 年农业集聚的 Moran 散点图来看，2000 年农业集聚以低低集聚区和高高集聚区为主导，低低集聚区包括北京、天津、河北、山西、辽宁、上海、江苏、浙江、福建、江西、山东、广东、陕西等，这些省份主要集中在东部地区，高高集聚区包括湖北、湖南、广西、重庆、四川、贵州、云南、甘肃、青海等，这些省份主要集中在中西部地区，高低集聚区包括内蒙古、黑龙江、安徽、河南、海南、新疆，低高集聚区包括吉林、西藏、宁夏。从 2005 年农业集聚的 Moran 散点图来看，2005 年农业集聚主要以低低集聚区和高高集聚区为主导，低低集聚区包括北京、天津、河北、山西、辽宁、上海、江苏、浙江、安徽、福建、江西、山东、河南、湖北、广东、海南等，高高集聚区包括重庆、四川、贵州、云南、甘肃、青海、新疆等，高低集聚区包括内蒙古、黑龙江、湖南，低高集聚区包括吉林、广西、西藏、宁夏。从 2010 年农业集聚的 Moran 散点图来看，2010 年农业集聚以低低集聚区和高高集聚区为主导，低低集聚区包括北京、天津、河北、山西、辽宁、上海、江苏、浙江、安徽、福建、江西、山东、河南、海南、宁夏等，高高集聚区包括湖北、湖南、广西、重庆、四川、贵州、云南、甘肃、青海、新疆等，高低集聚区包括内蒙古、黑龙江、安徽，低高集聚区包括吉林、广东、西藏、陕西。从 2015 年农业集聚的 Moran 散点图来看，2015 年农业集聚以低低集聚区和高高集聚区为主导，低低集聚区包括北京、天津、河北、山西、内蒙古、辽宁、吉林、上海、江苏、浙江、江西、山东、河南、海南、宁夏等，高高集聚区包括湖北、湖南、广西、重庆、四川、贵州、云南、甘肃、青海、新疆等，高低集聚区包括黑龙江、安徽、福建，低高集聚区包括广东、西藏、陕西。从 2017 年农业集聚的 Moran 散点图来看，2017 年农业集聚以低低集聚区和高高集聚区为主导，低低集聚区包括北京、天津、河北、山西、辽宁、上海、江苏、浙江、安徽、福建、江西、山东、河南、湖北、广东、海南等，高高集聚区包括广西、重庆、四川、贵州、云南、甘肃、青海、新疆等，高低集聚区包括内蒙古、黑龙江，低高集聚区包括吉林、湖南、西藏、陕西、宁夏。

从 2000～2017 年农业集聚的 Moran 散点图比较看，东中西部地区存在一定的差异。具体如下：

从东部地区来看，2000～2017 年东部地区以低低集聚为主导，特别是北京、天津、上海、江苏、浙江等，究其原因，农业是自然资源禀赋较强的产业，也是劳动密集型产业，东部地区作为较为发达的地区，农业的发展相对较弱。与制造业、服务业相比，农业的生产效率相对较低，北京、天津、上海、江苏、浙江等省市不仅仅自身的农业发展较慢，而且周边地区的农业发展也相对较慢。2015 年福建以高低集聚为主导，与福建相邻的地区为浙江、江西、广东，浙江、广东的农业专业化优势较弱，江西的农业专业化程度虽较强，但对福建的影响相对较低。2000 年的山东以低低集聚为主导，与山东相邻的地区为河北、河南、安徽、江苏等，河北、河南、安徽为农业大省，整体集聚程度较高，山东的农业专业化程度虽略高于全国水平，但程度相对较低，2010 年、2015 年的广东以低高集聚为主导，2000 年的海南以高低集聚为主导，与海南相邻的地区为广东，广东的农业集聚程度相对较低，农业与自然环境的相关性较强，根据海南的地域特点和农产品特点，海南的特色农业发展较为迅速，如香蕉、荔枝等，大力培育本土品牌农产品，同时有选择性地从岛外引进高效农产品，使得海南的农业专业化程度高于全国的水平。

从中部地区来看，中部地区以低低集聚和高低集聚为主导，不同年份表现有所不同，山西在 2000～2017 年均以低低集聚为主导，与山西相邻的地区为河北、河南、内蒙古、陕西，这些省份的农业较为发达，是中国的农业大省，对相邻地区的影响较大，山西农业自身的专业化程度较低，远低于全国水平，吉林 2000 年、2005 年、2010 年、2017 年以低高集聚为主导，湖北以高高集聚为主导，作为中国的农业大省，农业的发展相对较快，而与其相邻的地区主要是中西部其他地区，农业发展相对较快。湖南 2017 年以低高集聚为主导，2000 年、2010 年、2015 年以高高集聚为主导，2005 年以高低集聚为主导。

从西部地区来看，西部地区以高高集聚为主导，内蒙古 2015 年以低低集聚为主导，2000 年、2005 年、2010 年、2017 年以高低集聚为主导，西藏 2000～2017 年均以低高集聚为主导，陕西 2010 年、2015 年以低高集聚为主导，2000 年、2005 年、2017 年以低低集聚为主导，宁夏 2010 年、2015 年以低低集聚为主导，2000 年、2005 年、2017 年以低高集聚为主导，2000 年新疆以高低集聚为主导。与东部地区相比，西部地区落后于东部地区，第二产业、第三产业的发展较慢，在很大程度上劳动密集型和土地密集型产业居多，虽承接了东部地区转移的部分产业，但这些产业一般是相对低端的传统产业，劳动密集型产业居多。

2. 空间计量估计与分析

为客观地揭示各省份农业集聚的影响因素，实证检验过程中空间溢出因素需充分考虑，借助于 2000～2017 年各省份的主要变量，利用空间滞后模型和地理加权模型对其之间的关系进行实证分析，其回归结果如表 3－14、表 3－15 所示：

表 3 - 14 空间计量模型结果

变量	一般面板模型			变量	空间滞后模型		
	系数	T 值	P 值		系数	T 值	P 值
C	-2.777	-11.447	0.000	C	-2.437	-10.811	0.000
—	—	—	—	$W\ln G$	0.130	9.993	0.000
$\ln K$	-0.329	-7.145	0.000	$\ln K$	-0.199	-4.504	0.000
$\ln L$	0.179	5.170	0.000	$\ln L$	0.042	1.224	0.222
$\ln A$	-0.377	-11.960	0.000	$\ln A$	-0.222	-6.760	0.000
$\ln R$	0.701	14.481	0.000	$\ln R$	0.549	11.692	0.000
$\ln T$	0.144	3.077	0.002	$\ln T$	0.144	3.341	0.001
$\ln O$	-0.053	-8.423	0.000	$\ln O$	-0.035	-5.897	0.000
R^2	0.558	—	—	R^2	0.627	—	—
Sc	0.654	—	—	Sc	0.494	—	—
LogL	-106.598	—	—	LogL	-58.688	—	—
F - statistic	29.255	—	—	F - statistic	37.386	—	—
P	0.000	—	—	P	0.000	—	—

表 3 - 15 地理加权回归模型结果

变量	系数	T 值	P 值
C	-0.456	-5.166	0.000
$W\ln K$	-0.576	-7.388	0.000
$W\ln L$	0.212	2.944	0.003
$W\ln A$	0.349	3.829	0.000
$W\ln R$	-0.206	-1.709	0.088
$W\ln T$	0.012	0.186	0.853
$W\ln O$	0.123	9.207	0.000
R^2	0.273	—	—
Sc	1.150	—	—
LogL	-245.075	—	—
F - statistic	8.725	—	—
P	0.000	—	—

一般面板模型的拟合度为 0.558，F 统计量为 29.255，模型通过显著性水平 1% 的检验。空间滞后模型的拟合度为 0.627，F 统计量为 37.386，模型通过 1% 显著性水平检验，空间自相关系数为 0.130，表明一个区域农业集聚不仅对自身农业集聚有影响，而且辐射和促进相邻地区的农业集聚发展，即农业集聚的发展存在空间溢出效应。

无论是采用一般面板模型还是采用空间滞后模型（见表 3 – 14），农业资本数量对农业集聚均产生负相关关系，且通过 1% 的显著性检验，农业劳动力对农业集聚起到正向作用，一般面板模型通过 1% 的显著性检验，空间滞后模型未通过显著性检验，农业资本、劳动力作为农业生产过程中的基本生产要素，对农业产出有着重要的影响，对农业集聚与发展起到重要的作用。劳动力是集聚初期必不可少的因素，随着农业集聚水平的增强，机械化生产逐步取代了劳动力，使得劳动生产率提高。农业集聚的发展离不开资本的大量投入，并不是农业资本投入越多，农业集聚水平越高，农业资本对农业集聚的影响与农业集聚程度有关，耕地数量是农业集聚的基础，没有农业土地的集聚发展，不可能存在农产品集聚的发展，耕地数量对农业集聚呈现正向影响。一般而言，机械化生产的提高，有利于农业的发展，但农业发展不仅仅基于农业集聚的发展，农业发展与农业集聚的程度有关，交通基础设施对农业集聚的影响为正，交通设施的改善有利于农产品的运输，拓展农产品的销售渠道，进一步推动农业的集聚，对外开放度对农业集聚产生负向影响，对外开放度的深化不仅仅有利于出口产品也有利于进口产品，对中国农业集聚的发展具有不确定性，这与该类农产品是否具有优势有关，因此对外开放度对农业集聚的发展可能产生负向影响。

地理加权回归模型结果显示，农业资本数量和农业耕地数量对农业集聚产生负向影响，但农业资本数量对农业集聚的影响通过 1% 的检验，成为影响农业集聚的重要因素，农业耕地数量对农业集聚的影响仅通过 10% 的显著性检验，农业劳动力数量、农业技术水平等资源禀赋是推动中国农业产业集聚，交通设施、对外开放度对推动中国农业产业集聚的形成演变具有重要作用。

根据式（3 – 8），计算非线性模型结果如表 3 – 16 所示：

表 3 - 16　非线性结果

变量	系数	T 值	P 值	变量	系数	T 值	P 值
C	-7.651	-8.707	0.000	C	-6.000	-6.774	0.000
—	—	—	—	$W\ln G$	0.098	6.588	0.000
—	—	—	—	$W\ln G \times W\ln G$	-0.006	-0.846	0.398
$\ln K$	-0.742	-6.511	0.000	$\ln K$	-0.456	-3.918	0.000
$\ln K \times \ln K$	0.056	4.155	0.000	$\ln K \times \ln K$	0.029	2.172	0.030
$\ln L$	0.554	2.361	0.019	$\ln L$	0.557	2.479	0.014
$\ln L \times \ln L$	-0.032	-1.743	0.082	$\ln L \times \ln L$	-0.038	-2.208	0.028
$\ln A$	0.801	5.082	0.000	$\ln A$	0.379	2.333	0.020
$\ln A \times \ln A$	-0.082	-7.450	0.000	$\ln A \times \ln A$	-0.043	-3.539	0.000
$\ln R$	0.684	2.196	0.029	$\ln R$	0.525	1.743	0.082
$\ln R \times \ln R$	-0.003	-0.170	0.865	$\ln R \times \ln R$	-0.001	-0.035	0.972
$\ln T$	0.742	2.362	0.019	$\ln T$	0.669	2.225	0.027
$\ln T \times \ln T$	-0.130	-1.917	0.056	$\ln T \times \ln T$	-0.114	-1.749	0.081
$\ln O$	-0.031	-3.951	0.000	$\ln O$	-0.023	-2.996	0.003
$\ln O \times \ln O$	-0.003	-2.420	0.016	$\ln O \times \ln O$	-0.003	-2.264	0.024
R^2	0.621	—	—	R^2	0.654	—	—
Sc	0.567	—	—	Sc	0.499	—	—
LogL	-63.340	—	—	LogL	-37.942	—	—
F - statistic	29.842	—	—	F - statistic	32.079	—	—
P	0.000	—	—	P	0.000	—	—

　　非线性模型显示（见表 3 - 16），农业集聚的辐射效应一次项在 1% 的统计水平上显著为正，二次项为负但并不显著，意味农业集聚存在溢出效应，农业集聚的发展有利于周边及其相邻地区农业的发展，但其溢出效应在不同阶段表现略有不同，农业集聚程度对周边的辐射效应随着农业集聚的变化而变化。

　　农业资本对农业集聚的发展一次项在 1% 的统计水平上显著为负，二次项在 5% 的统计水平上显著为正，意味着农业资本对农业集聚的发展呈现先下降后上升的趋势，资本量的增加对农业集聚的影响表现为先抑制后促进的作用；农业劳动力对农业集聚的发展一次项在 5% 的统计水平上显著为正，在一般非线性模型中二次项在 10% 的统计水平上显著为负，在空间相关性模型中二次项在 5% 的统计水平上显著为负，意味着农业劳动力对农业集聚的发展表现为先上升后下降的趋势，即农业劳动力对农业集聚起到先促进后抑制的作用；农业机械动力水平对农业集聚的发展在一般非线性模型中一次项在5%的统计水平上显著为正，在空间相关性模型中一次项在5%的统计水平上显著为正，二次项在5%的统计水平上显著为负，农业机械动力水平对农业集聚的发展表现为先上升后下降的趋势，意味着机械动力的增强使得农业发展水平提高，即农业集聚的初期，农业机械动力水平的提高有利于农业集聚水平的提高，但之后随着农业机械动力水平的提高，使得小规模经营、小农经济再次开始显现，农业集聚水平却开始呈现下降趋势。耕地数量对农业集聚的影响，在一般非线性模型中一次项在5%的统计水平上显著为正，在空间相关性模型中一次项在10%的统计水平上显著为正，二次项为负但并不显著，意味着耕地数量对农业集聚的影响在不同阶段表现略有不同，农业集聚随着农业耕地数量的变化而变化。交通基础设施对农业集聚的发展一次项在5%的统计水平上显著为正，二次项在10%的统计水平上显著为负，交通基础设施对农业集聚的发展表现为先上升后下降的趋势，意味着随着交通基础设施的增加农业集聚在不同阶段表现有所不同。对外开放度对农业集聚一次项二次项均在5%的统计水平上显著为负，意味着对外开放度对农业集聚呈现持续性下降的趋势。

第四节　本章结论与政策建议

一、本章结论

农业发展是工业、服务业发展的基础，农业集聚是现代农业发展的重要方式，是实现农业现代化的有效途径。农业集聚的形成与升级，促进农业区域竞争力的形成，提高农产品的成本优势，增强其国际竞争力。本章采用2000~2017年中国31省（自治区、直辖市）农业相关数据，以产业集聚为支撑，利用空间计量模型和地理加权回归模型，利用区位熵对农业集聚度进行测度并分析中国的农业集聚变动态势，同时对农业集聚的影响因素进行研究，并验证各地区对其相邻地区的辐射效应。得出以下结论：

其一，2000～2017年中国农业集聚呈现波动性变化趋势，同时各省份之间农业集聚差异明显，相比中西部地区，东部地区的农业集聚度相对较低。2000～2017年东部地区的农业集聚度基本呈现下降趋势，但变化幅度不大，其介于0.51～0.64，最高的2001年为0.636，最低的2017年为0.514，2000～2017年中部地区的农业集聚度基本呈现先略微上升后下降的趋势，其介于0.92～1.14，最高的2001年为1.132，最低的2017年为0.921；从西部地区来看，2000～2017年西部地区的农业集聚度基本呈现上升趋势，其介于1.24～1.44，最高的2007年为1.438，最低的2001年为1.243。各省（自治区、直辖市）的农业区位熵存在明显的差异。东部地区的河北、福建、山东、海南表现较为明显，中部地区的湖北、河南、安徽、江西表现较为明显，西部地区的内蒙古、贵州、四川、西藏等省份表现较为明显。

其二，不同农作物之间农业集聚度表现出一定的差异。2000～2017年中国谷物集聚度介于0.95～1.05，豆类介于0.92～1.17，薯类介于1.12～1.43，棉花介于0.94～1.15，油料介于0.99～1.08，糖料介于0.69～0.94，麻类介于0.69～1.01，烟叶介于0.93～1.10，蔬菜介于0.97～1.09，由此看出不同农作物之间农业集聚度表现有所不同。不同地区农作物的农业集聚度也表现出不同的差异，如谷物、豆类、薯类等主要集中于中西部地区，而蔬菜的集聚水平则表现为东部地区高于中西部地区。

其三，农业集聚的发展存在空间相关性，但不同地区集聚表现有所不同，东中西部地区相比，东部地区以低低集聚为主导，中西部地区以高高集聚为主导，这与中国的产业发展结构有关，东部地区以工业、服务业为主，农业的发展较为缓慢，相比东部地区，中西部地区的农业发展整体快于东部地区，农业发展主要在中西部地区集聚。因此需要因地制宜发展特色农业，农业发展受自然条件的影响，不同地区应根据实际情况发展农业，中西部地区仍是我国农业发展的重要地区，东部地区也应根据自己特点，适当发展特色农业，充分发挥其对农业产业发展的促进作用及市场的拉动作用，遵循客观的规律，降低生产成本，注重在农业的适宜区发展农业产业集聚，获得规模效益，实现农业可持续发展。

其四，农业集聚存在辐射效应，即一个区域农业集聚不仅对自身农业集聚有影响，而且辐射和促进相邻地区的农业集聚。农业劳动力、耕地数量、交通设施对农业集聚产生正向影响，但农业资本数量、机械动力水平、对外开放度却未起到推动作用。从非线性模型看，各种因素对农业集聚的影响有所不同，农业资本对集聚呈现先下降后上升的趋势，农业劳动力数量、机械动力水平、耕地数量、交通基础设施表现为先上升后下降的趋势，对外开放度对农业集聚呈现持续性下降的趋势。

二、本章政策建议

农业生产是粮食安全的重要保障，农业集聚是实现农业现代化的有效途径，是现代农业发展的重要特征。农业集聚的形成与升级推动农业发展，促进农业区域竞争力的形成，提高农产品的成本优势。根据上述分析，提出以下政策建议：

其一，中国农业的发展主要集中在中西部地区，因地制宜发展特色农业、生态农业等现代农业，注重自然资源的利用，充分发挥其对农业产业发展的促进作用及市场的拉动作用，遵循客观的规律，注重在农业的适宜区发展农业集聚，降低生产成本，获得规模效益，进而实现农业的可持续发展。

其二，注重农业产业的纵横向融合。农业产业的专业化、市场化、商品化发展一定程度上导致农业的纵向融合，农业生产、加工、销售及服务等过程融为一体，形成产前、产中、产后的一体化产业链。注重农业产业的横向融合发展，农业与非农产业之间的融合，在技术的引导下，发展农业产业化，形成农业产业区。

其三，注重政府在农业集聚中的作用。农业的集聚不能完全依靠市场，市场的一些限制，甚至导致市场失灵，因此，政府在体制、政策、公共服务等方面要充分发挥作用，如政府在农产品的品牌培养、中介服务及企业的经营指导等方面发挥必要的作用，制定有利于农业发展的金融、财政、税收等优惠政策，提供良好的集聚环境，如基础设施、知识信息平台、经济协作平台，加强农户与企业、企业之间的交流、共享，提高产业的创新能力。

第四章
城镇化与农业集聚的协同效应

党的十九大报告提出推进农业农村优先发展的战略思路，随着中国经济社会发展进入新的发展阶段，农业发展方式需要寻求新突破。在城镇化进程中，以城乡融合发展为契机，优化农业供给侧结构，提升农业竞争力，实现从粗放、无序、分散布局向集约化、专业化和空间集聚转型，成为中国未来农业发展的主攻方向。农业产业集聚节约大量的劳动成本，土地得以充分利用，促进农业产业区域化、专业化的形成；伴随机械化生产，农业生产效率不断提高，大规模、机械化、集约化的农业逐步形成，大量劳动力得以释放，引起农村劳动力向城镇更多地转移，促进城镇化水平的提高。城镇化和主体功能区战略的不断推进，通过农产品消费需求结构和农业生产要素稀缺程度对农业供给侧变动产生影响（罗富民，2017），以"农业产业区"为特征的农业集聚趋势在不断加强。本章正是基于城镇化与农业集聚的这一关系，重点关注城镇化与农业集聚之间的协同效应，这对于科学推进中国新型工业化、新型城镇化、农业现代化协同发展具有理论与现实意义。

国内外学者已对产业集聚进行大量相关研究，但研究主要集中于制造业、服务业，针对农业集聚的研究关注度不足。农业集聚的过程不能完全等同于制造业、服务业集聚，农业集聚是由自然集聚向社会集聚、生产集聚的过程，由农业产业化向农业产业区转化的过程。杜建军等（2017）运用 OLS、动态 FE、SGMM 等方法通过对 30 省（自治区、直辖市）276 个城市的面板数据，对农业产业集聚的基本事实和影响因素进行分析认为，农业劳动力数量、资本数量、技术水平、耕地数量等资源要素是推动农业集聚的基础性因素，交通设施等起到重要作用，人力资本和对外开放度的作用并不明显。农业产业集群作为一种有效的区域产业组织形式，可以提高农业综合生产能力（徐丽华、王慧，2014），其形成与发展给当地带来规模经济和范围经济，进而带动产业和区域经济高速发展（许炬、刘纯阳，2015）。许炬和兰勇（2015）利用典型相关性的方法，结合湖南省2001～2013年农业经济的面板数据，从资源、经济、技术和环境等方面分析农业产业集群升级的影响因素，表明农产品加工企业数量和技术进步是湖南省农业产业集群升级中最为重要的影响因素，产业集群的升级对农业经济发展起到重要的作用。

针对城镇化与农业集聚的研究，主要集中于城镇化与农业集群的互动发展机制、动因及城镇化与农业现代化的协调发展等方面。如张盼盼（2014）运用时间序列模型针对湖北省农业产业集群与城镇化互动发展的研究认为城镇化为农业产业集群提供空间载体，同时农业产业集群提升了城镇化所需的诸要素的形成和发展速度，促进了城镇化的发展，但短期内农业产业集群与城镇化率的相互作用并不明显，但在长期内，两者存在稳定的均衡关系，具有相互影响相互促进的作用，农业集群引起的农村劳动力转移和城乡资源要素双向流动，促进城镇化水平的提高（晏小敏、李启平，2016）。汪晓文和杜欣（2015）运用模糊综合评价法对城镇化与农业现代化的协调度进行测量，得出城镇化与农业现代化的发展经历了失调—协调—失调—协调的不同阶段，城镇化与农业现代化发展相互依赖（王新利、肖艳雪，2015；马德君、谢辛，2016），罗小锋和袁青（2017）的研究则认为城镇化与农业技术的耦合度一直处于颉颃阶段，但耦合协调度逐年上升。李宾和孔祥智（2016）、周振和孔祥智（2015）利用不同的数据，运用主成分分析法、向量误差修正模型等对工业化、城镇化、农业现代化之间的作用进行研究，认为城镇化与农业现代化之间存在长期稳定的均衡关系，城镇化水平的提高能够促进农业现代化水平。

前人的研究主要集中于农业集聚形成机制、测度及城镇化与农业现代化之间的关系等方面，针对城镇化与农业集聚的互动作用、影响机理、驱动机制的研究较为薄弱，同时研究方向更为偏向理论研究，实证研究较为薄弱。本章从城镇化水平、农业集聚及其两者之间的效应三维角度入手，运用 2000～2017 年的相关数据衡量各省份城镇化与农业集聚之间的耦合度和协调度，揭示城镇化水平的差异与农业集聚的异质性。通过建立耦合协调度模型，分析在国际国内宏观环境背景下，城镇化与农业集聚之间的协同效应，探讨背后的制度安排与驱动机制，为城镇化与农业集聚的发展提供实证支持并提出相关政策建议，为现代农业的改革提供方向。

第一节　中国城镇化水平现状分析

改革开放以来中国各地城镇化测度的指标主要涵盖三种类型：城镇常住人口比重、城镇户籍人口比重、城镇非农业人口比重，由于缺乏统一口径，所以各地的城镇化数据很难纳入统一框架分析比较。考虑到数据的可获取性、连续性，本节基于官方正式出版的相关统计年鉴，尽可能采用城镇常住人口比重代表城镇化水平。但事实上，有些地区的统计数据并没有完全反映以常住人口为特征的城镇化客观实际。由于改革开放以来衡量城镇化程度的各种数据统计相对缺乏统一口径、透明度不高、未做流动人口调整、受地方政绩影响等，导致基层统计数据可能存在谎报等现象，使得统计数据饱受诟病，屡屡引发城市化研究者困惑与质疑。同样，本节引用的数据也只能间接判断中国城镇化进程、各地城镇化水平与速度的本来面目。除特别注明外，本节 2000～2017 年的城镇人口、总人口主要来源于《新中国六十年统计资料汇编》《中国统计年鉴》，部分缺失数据来源于各省份统计年鉴。

一、中国各地区城镇化水平现状分析

通过计算得到 2000～2017 年东、中、西部地区城镇化水平如图 4-1 所示：

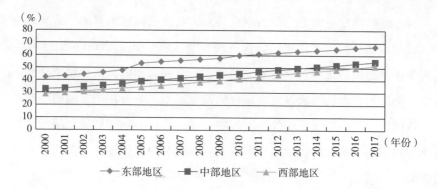

图 4 - 1 东、中、西部地区城镇化水平

图 4 - 1 显示，2000～2017 年东、中、西部地区的城镇化水平基本呈现持续性上升趋势，东部地区由 2000 年的 42.39% 上升到 2017 年的 67.00%，年均增长率为 2.73%；中部地区由 2000 年的 32.89% 上升到 2017 年的 54.89%，年均增长率为 3.06%；西部地区由 2000 年的 28.90% 上升到 2017 年的 51.65%，年均增长率为 3.48%。由此看出，东部地区的城镇化率高于中西部地区，但增长速度却慢于中西部地区。分析其原因，20 世纪 80 年代以来，受国际地理分工和经济全球化影响，资源要素、资本要素、生产要素在全球范围内的自由流动和优化配置不断加速，在东部沿海形成了城镇密集布局的三大城市群区，沿海城市群逐渐成长成为一股主导中国参与全球经济模式的重要力量。在长三角、珠三角和环渤海地区，外向度越来越高，全球资本、技术、信息、劳动力、智能管理等活动与交流日趋集中，逐渐形成以一个超大型城市为核心，集聚着众多城市的城市密集区。20 世纪 90 年代以来，沿海许多城市通过开发区建设，在很短时间内完成了产业和人口的集聚，实现了城市区域空间和人口规模的跳跃性增长和产业结构的转型。由于开发区是产业尤其是第二产业聚集区，必然会引起外部人口的聚集以及区域空间上的不断扩展，使东部城市人口规模和建成区面积迅速扩大。一些开发区成长为中等城市规模（人口 20 万～50 万）的新市区。总体看来，沿海以开发区产业与人口集聚为重点的城市化进程，在经历了 1998 年以前更多关注量的扩张以后。随着 21 世纪以来特别是近年国家在土地利用、环境保护等方面设置更高的门槛，城市新区、开发区从以往单纯在"量"上为城市化做贡献转向

"质"的提高，即从单纯产业的集聚、人口的增加、建设用地规模的增加升华到投资环境的改善、产业结构的高级化、配套设施的提高以及生活环境的改善等方面，东部沿海地区的开发区将逐渐转变成为真正意义的城市化地区，开发区正纳入到城市化进程的重要方面。可见，随着东部地区大规模的产业集聚，更多的非农产业人口也进入各类产业园区、城市新区，劳动力的大量转移驱动了东部城市化水平的提高；在制造业大规模集聚的同时，传统服务业与现代服务业得以衍生而发展迅速，使得更多的东部人口就地转化为城镇人口，增加了城镇化率。2010年东部地区服务业劳动力就业占全国比重为 41.2%，比 1999 年增加 2.9 个百分点，而同期的中部和西部地区服务业劳动力就业占全国比重分别下降了 2 个和0.2 个百分点。中西部地区的发展却不尽相同，西部大开发的措施并没有使得西部地区取得飞跃发展，中国发展的区域性差异，使得大量的中西部劳动力向东部地区转移，促进了东部地区的发展，随着技术密集型和资本密集型产业的增加，大量的劳动密集型产业向西部地区转移，西部地区承担了大量转移过来的产业，不能适应东部地区发展的劳动力开始回到西部地区，西部大开发的措施在一定程度上促进了西部地区的发展，但却没有像东部地区那样取得飞速的发展。

二、中国各省份城镇化水平现状分析

2000 ~ 2017 年各省份城镇化水平如图 4 - 2 所示：

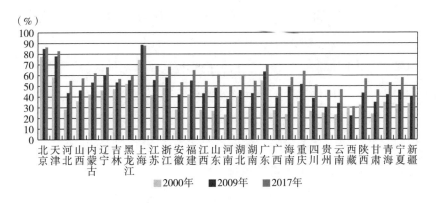

图 4 - 2　各省份城镇化水平

图 4-2 显示 2000~2017 年各省份城镇化水平基本呈现上升趋势。特别是东部地区的山东、海南，从 2000 年的 26.78%、23.54% 上升到 2017 年的 60.58%、57.99%，年均增长率为 4.92%、5.45%；中部地区的河南、江西，从 2000 年的 23.20%、27.69% 上升到 2017 年的 50.16%、54.61%，年均增长率为 4.64%、4.08%；西部地区的云南、四川等省份城镇化水平出现大幅度的上升，从 2000 年的 23.36%、26.66% 上升到 2017 年的 46.69%、50.79%，年均增长率为 4.16%、3.86%。

为更好地测定城镇化水平，本章选取各省份城镇人口占同期全国城镇总人口的份额作为城镇化水平测度的辅助指标，如图 4-3 所示：

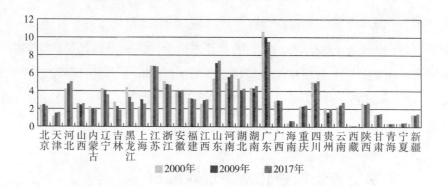

图 4-3　各省份城镇人口占同期全国城镇总人口的份额

图 4-3 显示，东部沿海地区各省份 2000~2017 年城镇人口占同期全国城镇总人口的份额高于中西部地区，其中，广东尤为突出，西部地区的西藏、青海、宁夏等城镇人口占同期全国城镇总人口的份额较低，西部地区城镇人口增长速度要慢于东部地区，中西部地区的城镇化水平弱于东部地区，这与上述城镇化水平的测度一致。在一定程度上说明随着中国城镇人口占同期全国城镇总人口的份额的变化，城镇化水平在不断增长，特别是东部沿海地区，城镇化水平增长相对较快，而中西部地区城镇化水平增长相对较慢。

第二节　城镇化与农业集聚的协同效应的测度方法

一、指标选择

国内外已有经验表明，城镇化水平的提高是人口和产业集聚的结果，农村大量的劳动力向城镇转移，由原来的农产品生产者转变为消费者，地域的迁移导致自给性消费的减少，引起农产品市场需求量的增加及消费结构的变化，需求增加和消费结构变化能够引导农产品加工业的市场导向性，要求农产品生产者以更低的成本生产出更多数量、更多品种、更好质量的农产品，促使大规模、高效率的农业集聚形成，一定程度上可以说城镇化为农业集聚发展提供了市场原动力。农业集聚能够较好地利用资源优势，形成规模化、专业化、特色化的产业，提高劳动生产率，改变就业结构，实现农业资源的有效配置，充分发挥集聚效应、规模效应，使得农业要素投入更加密集化，提高了要素投入与收益之间的匹配度，同时农业集聚节约大量的劳动力，促进剩余劳动力向城镇化转移，提高了城镇化水平。

城镇化过程涉及农业劳动力向非农业劳动力的转移，针对城镇化的分析，结合曹文莉等（2012）、李鑫等（2012）、陈凤桂等（2010）和笔者以往的研究（贾兴梅、贾伟，2015；贾兴梅等，2016），本章将城镇化分为人口城镇化、土地城镇化、经济城镇化、社会城镇化四个方面，为简化分析又能尽量表现城镇化内部之间的相关性，每种城镇化选取两个指标分析，如人口城镇化选取人口城镇化率和城镇就业人数，土地城镇化选取土地投入水平和土地产出水平两个指标，经济城镇化选取城镇居民消费和城镇居民收入两个指标，社会城镇化选取公共服务和公共基础设施两个指标。

农业集聚过程主要涉及农业的集聚水平及集聚结构，结合相关文献，农业集聚主要从就业、产业两个角度分析，因此农业集聚水平包含就业集聚水平和产业集聚水平，农业集聚结构包含就业结构和产业结构。农业集聚推动农产品集约化和规模化，节约大量农村劳动力，使得农业部门人口向非农业部门流动，因此，农业就业集聚水平采用农业就业人口集聚度表示，产业集聚水平采用农业产业集聚度表示。农村劳动力向城镇转移，有利于利用现有劳动力资源，同时缓解农村人多地少局面，农业经营模式由小块分散经营向规模化、集约化经营的转变，有利于特色农业发展，发挥劳动力资源优势，提高农产品竞争力，引起各产业就业结构、产业结构变化，因此，就业结构采用农业与非农业就业人口比衡量，产业结构采用农业与非农业产值比衡量。

为验证城镇化与农业产业集聚之间的相互影响，本章通过上述理论分析，具体构建指标体系如表 4 - 1 所示：

表 4 - 1　城镇化与农业集聚指标体系

一级指标	二级指标	三级指标	指标含义
城镇化	人口城镇化	人口城镇化率	城镇人口与总人口之比
		城镇就业人数	城镇单位就业人数
	土地城镇化	土地投入水平	地均财政支出增加
		土地产出水平	地均二三产业产值增加
	经济城镇化	城镇居民消费	城镇居民的人均消费
		城镇居民收入	城镇居民的人均可支配收入
	社会城镇化	公共服务设施	城市每千人拥有的卫生技术人员数
		公共基础设施	城市人均道路面积
农业集聚	集聚水平	就业集聚	农业就业人口集聚度
		产业集聚	农业产业集聚度
	集聚结构	就业结构	农业与非农产业就业人口比
		产业结构	农业与非农产业产值比

注：农业就业集聚度的计算采用公式 $Q_E = (E_i/E)/(P_i/P)$，其中，E_i 为省份 i 的农业就业人口，E 为全国农业就业人口，P_i 为省份的就业人口，P 为全国就业人口；农业产业集聚度的计算采用公式 $Q_A = (A_i/A)/(I_i/I)$，其中，A_i 为省份 i 的农业产值，A 为全国农业产值，I_i 为省份 i 的地区生产总值，I 为全国生产总值。为验证城镇化与农业集聚的效应，减少甚至避免统计上的差异，本章的三级指标主要采用相对指标。

二、研究方法

本章采用耦合协调模型，分析 2000～2017 年城镇化与农业集聚之间的耦合作用及协调作用，反映两者之间的协同效应。该方法分为两个步骤：一是测度两者之间的耦合效应；二是分析两者之间的协调性。

1. 城镇化与农业集聚的耦合效应测度方法

首先，构建评价矩阵。如式（4-1）所示：

$$X_{ij} = \begin{bmatrix} X_{11} & X_{12} & \cdots & X_{1n} \\ X_{21} & X_{22} & \cdots & X_{2n} \\ \vdots & \vdots & \ddots & \vdots \\ X_{m1} & X_{m2} & \cdots & X_{mn} \end{bmatrix} \tag{4-1}$$

采用最大—最小值法，将评价矩阵标准化，如式（4-2）所示：

$$x_{ij} = \begin{bmatrix} \dfrac{X_{11} - X_{\min\limits_{i=1,1\leqslant j\leqslant n}}}{X_{\max\limits_{i=1,1\leqslant j\leqslant n}} - X_{\min\limits_{i=1,1\leqslant j\leqslant n}}} & \dfrac{X_{12} - X_{\min\limits_{i=1,1\leqslant j\leqslant n}}}{X_{\max\limits_{i=1,1\leqslant j\leqslant n}} - X_{\min\limits_{i=1,1\leqslant j\leqslant n}}} & \cdots & \dfrac{X_{1n} - X_{\min\limits_{i=1,1\leqslant j\leqslant n}}}{X_{\max\limits_{i=1,1\leqslant j\leqslant n}} - X_{\min\limits_{i=1,1\leqslant j\leqslant n}}} \\[3ex] \dfrac{X_{21} - X_{\min\limits_{i=2,1\leqslant j\leqslant n}}}{X_{\max\limits_{i=2,1\leqslant j\leqslant n}} - X_{\min\limits_{i=2,1\leqslant j\leqslant n}}} & \dfrac{X_{22} - X_{\min\limits_{i=2,1\leqslant j\leqslant n}}}{X_{\max\limits_{i=2,1\leqslant j\leqslant n}} - X_{\min\limits_{i=2,1\leqslant j\leqslant n}}} & \cdots & \dfrac{X_{2n} - X_{\min\limits_{i=2,1\leqslant j\leqslant n}}}{X_{\max\limits_{i=2,1\leqslant j\leqslant n}} - X_{\min\limits_{i=2,1\leqslant j\leqslant n}}} \\[3ex] \vdots & \vdots & \vdots & \vdots \\[2ex] \dfrac{X_{m1} - X_{\min\limits_{i=m,1\leqslant j\leqslant n}}}{X_{\max\limits_{i=m,1\leqslant j\leqslant n}} - X_{\min\limits_{i=m,1\leqslant j\leqslant n}}} & \dfrac{X_{m2} - X_{\min\limits_{i=m,1\leqslant j\leqslant n}}}{X_{\max\limits_{i=m,1\leqslant j\leqslant n}} - X_{\min\limits_{i=m,1\leqslant j\leqslant n}}} & \cdots & \dfrac{X_{mn} - X_{\min\limits_{i=m,1\leqslant j\leqslant n}}}{X_{\max\limits_{i=m,1\leqslant j\leqslant n}} - X_{\min\limits_{i=m,1\leqslant j\leqslant n}}} \end{bmatrix} \tag{4-2}$$

其次，计算相关指标的权重。权重采用信息熵赋权（IEW）方法计算，如式（4-3）所示：

$$\omega_j = \frac{G_j}{\sum\limits_{j=1}^{n} G_j} = \frac{1 - H_j}{n - \sum\limits_{j=1}^{n} H_j} \tag{4-3}$$

其中，$H_j = -\left(\sum\limits_{i=1}^{m} f_{ij}\ln f_{ij}\right)$，$i = 1, 2, \cdots, m$，$j = 1, 2, \cdots, n$，$f_{ij} = \dfrac{1 + x_{ij}}{\sum\limits_{i=1}^{m}(1 + x_{ij})}$，$G_j = 1 - H_j$ 为 j 列的差异系数，ω_j 为 j 列的信息熵权值。

再次，计算相关指标的综合序参量。如式（4-4）所示：

$$U_i = \sum_{j=1}^{n} \omega_{ij}x_{ij} \ , \ \sum_{j=1}^{n} \omega_{ij} = 1 \ , \ i = 1, 2, \cdots, m \qquad (4-4)$$

其中，U_i 为指标的综合序参量，表示指标内部之间的协调性水平。

最后，计算城镇化与农业集聚之间的耦合度。如式（4-5）所示：

$$C = \frac{2 \times (U_c U_a)^{\frac{1}{2}}}{(U_c + U_a)} \qquad (4-5)$$

其中，C 为城镇化与农业集聚之间的耦合度，U_c、U_a 分别为城镇化综合序参量和农业集聚综合序参量。

参考其他文献对耦合度进行划分，将耦合度划分为六个等级：耦合度极小、低水平耦合、颉颃耦合、磨合耦合、高水平耦合、良性耦合共振。

$$C\begin{cases} \text{耦合度极小，无关联且无序发展} & C = 0 \\ \text{低水平耦合阶段} & 0 < C \leqslant 0.3 \\ \text{颉颃耦合阶段} & 0.3 < C \leqslant 0.5 \\ \text{磨合耦合阶段} & 0.5 < C \leqslant 0.8 \\ \text{高水平耦合阶段} & 0.8 < C < 1 \\ \text{良性耦合共振，趋向新的有序结构} & C = 1 \end{cases}$$

2. 城镇化与农业集聚的协调性测度方法

为更好地分析两者之间的关系，引入协调度和综合协调指数，分析两者之间的协调性。计算公式如式（4-6）、式（4-7）所示：

$$D = (C \times T)^{\frac{1}{2}} \qquad (4-6)$$

$$T = aU_c + bU_a \qquad (4-7)$$

其中，T 为综合协调指数，D 为协调度，a、b 分别为城镇化、农业集聚综合序参量的权重。

参考其他文献对协调水平的划分，将协调度分为四个等级：低度协调、中度协调、高度协调、极度协调。

$$
\begin{cases}
低度协调 & 0 < D \leq 0.3 \\
中度协调 & 0.3 < D \leq 0.5 \\
高度协调 & 0.5 < D \leq 0.8 \\
极度协调 & 0.8 < D \leq 1
\end{cases}
$$

第二节 城镇化与农业集聚的耦合度和协调度分析

一、城镇化与农业集聚各指标权重的计算

城镇化的相关数据、各省份农业产值、各省份地区生产总值的数据均来自2001~2018年的《中国统计年鉴》，就业的数据主要来自2001~2018年的各省份统计年鉴，本节农业就业人口采用第一产业就业人口数据代替。参照式（4-3）计算各指标的权重，具体结果如表4-2所示。

表4-2 城镇化与农业集聚各指标权重

一级指标	二级指标	三级指标
城镇化（0.6665）	人口城镇化（0.2502）	人口城镇化率（0.1252）
		城镇就业人数（0.1250）
	土地城镇化（0.2499）	土地投入水平（0.1251）
		土地产出水平（0.1248）
	经济城镇化（0.2496）	城镇居民消费（0.1248）
		城镇居民收入（0.1247）
	社会城镇化（0.2503）	公共服务设施（0.1251）
		公共基础设施（0.1252）

续表

一级指标	二级指标	三级指标
农业集聚 (0.3335)	集聚水平 (0.5000)	就业集聚 (0.2500)
		产业集聚 (0.2500)
	集聚结构 (0.5000)	就业结构 (0.2500)
		产业结构 (0.2500)

表 4 - 2 显示，人口城镇化率对人口影响相对较大，土地投入水平是土地城镇化的重要指标，城镇居民消费是经济城镇化的重要指标，公共基础设施是社会城镇化的重要指标，有关集聚水平、集聚结构的权重差异极小。

二、各地区耦合度、协调度水平比较

根据式 (4 - 4) 得出各地区城镇化、农业集聚的综合序参量；根据式 (4 - 5) 得出各地区城镇化与农业集聚之间的耦合度；根据式 (4 - 6)、式 (4 - 7) 得出各地区城镇化与农业集聚之间的协调度。

从城镇化综合序参量看 (见图 4 - 4)，2000 ~ 2004 年全国城镇化综合序参量呈现上升趋势，之后的 2005 ~ 2007 年有所下降，2008 ~ 2012 年整体缓慢上升，2013 ~ 2014 年有所下降，2015 ~ 2017 年有所上升，整体介于 0.30 ~ 0.50，最大值与最小值偏离差异为 0.099。与全国水平相比，东部地区高于全国水平，中西部地区低于全国水平，但变化趋势与全国变化趋势存在相似性。东中西部地区的城镇化综合序参量由 2000 年的 0.410、0.301、0.272 波动上升到 2004 年的 0.445、0.305、0.279，之后由 2005 的 0.410、0.248、0.245 上升到 2012 年的 0.439、0.286、0.292，2013 年有所下降，2014 年开始回升，至 2017 年分别为 0.477、0.387、0.349。

从农业集聚综合序参量看 (见图 4 - 5)，2000 ~ 2004 年全国农业集聚综合序参量呈现下降趋势，2005 ~ 2010 年缓慢上升，2011 年有所下降，之后 2012 ~ 2017 年持续上升，整体介于 0.39 ~ 0.47，最大值与最小值偏离差异为 0.073，东中西部地区的变化趋势与全国的变化趋势相同，2011 年最低分别为 0.243、

0.425、0.508，2001 年最高，分别为 0.295、0.510、0.592，最大值与最小值偏离差异分别为 0.052、0.085、0.084，至 2017 年分别为 0.256、0.443、0.580，但中西部地区远高于东部地区。

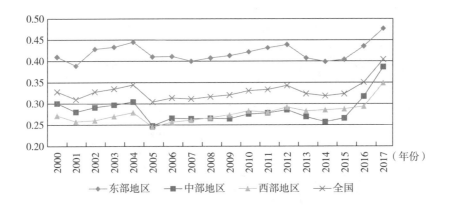

图 4 - 4　各地区城镇化综合序参量

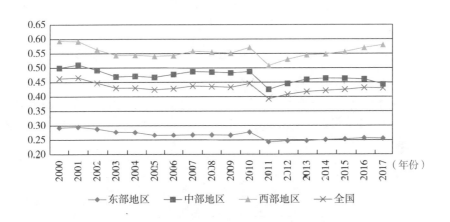

图 4 - 5　各地区农业集聚综合序参量

从耦合度看（见图 4 - 6），2000～2017 年新型城镇化与农业集聚的耦合度介于 0.87～0.90，处于高水平耦合阶段，整体变化不大，最大值与最小值的偏离差异仅为 0.013。东部地区两者之间的耦合度在 2000～2017 年基本呈现下降趋势，由 2000 年的 0.819 下降到 2017 年的 0.743，年均下降率为 0.81%，最大值与最小值的偏离差异为 0.076，中西部地区在 2000~2017 年基本呈现波动上升趋势，由 2000 年的 0.958、0.909 上升到 2017 年的 0.984、0.959，年均上升率为 0.58%、1.47%。在 2000~2017 年东部地区处于磨合耦合阶段，中西部处于高水平耦合阶段。

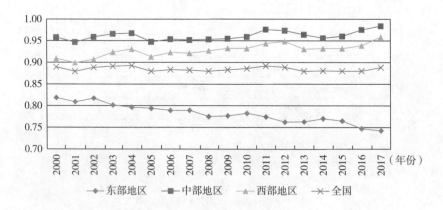

图 4-6　各地区耦合度

从协调度看（见图 4-7），2000~2017 年新型城镇化与农业集聚的协调度介于 0.54~0.60，处于高度协调的低水平阶段，最大值与最小值的偏离差异为 0.051，东中西部变化趋势与全国总体一致，但 2000~2014 年东部地区的协调度

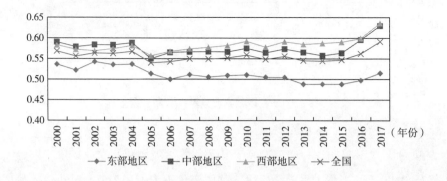

图 4-7　各地区协调度

基本呈现下降趋势，由 2000 年的 0.536 下降到 2014 年的 0.488，年均下降幅度为 0.73%，2015～2017 年缓慢回升至 0.515，中西部地区总体略有上升，分别由 2000 年的 0.591、0.583 上升到 2017 年的 0.630、0.636，年均上升幅度分别为 1.95%、3.37%，东部地区在 2006 年、2013～2015 年均处于中度协调阶段，其余年份处于高度协调的低水平阶段，中西部地区在 2000～2017 年均处于高度协调的低水平阶段。

三、各省（自治区、直辖市）耦合效应、协调度差异比较

为比较各省（自治区、直辖市）城镇化综合序参量、农业集聚综合序参量、耦合度及协调度，本章以 2017 年为例，通过计算所得结果如表 4－3 所示。

表 4－3　各省份城镇化、农业集聚的耦合效应与协调水平

省（自治区、直辖市）/地区	城镇化综合序参量	农业集聚综合序参量	耦合度	协调度	省（自治区、直辖市）/地区	城镇化综合序参量	农业集聚综合序参量	耦合度	协调度
北京	0.563	0.007	0.225	0.291	湖南	0.446	0.489	0.999	0.678
天津	0.489	0.039	0.524	0.421	内蒙古	0.417	0.539	0.992	0.674
河北	0.344	0.427	0.994	0.608	广西	0.283	0.769	0.887	0.628
辽宁	0.304	0.391	0.992	0.574	重庆	0.268	0.324	0.995	0.534
上海	0.591	0.000	0.000	0.000	四川	0.334	0.522	0.976	0.622
江苏	0.585	0.194	0.864	0.627	贵州	0.336	0.832	0.905	0.674
浙江	0.553	0.135	0.794	0.573	云南	0.401	0.746	0.954	0.701
福建	0.472	0.281	0.967	0.628	西藏	0.269	0.469	0.962	0.568
山东	0.427	0.331	0.992	0.626	陕西	0.472	0.453	1.000	0.682
广东	0.543	0.197	0.884	0.615	甘肃	0.331	0.738	0.925	0.657
海南	0.379	0.810	0.932	0.698	青海	0.424	0.449	1.000	0.657
山西	0.363	0.212	0.965	0.549	宁夏	0.212	0.465	0.928	0.525
吉林	0.268	0.389	0.983	0.551	新疆	0.443	0.656	0.981	0.710
黑龙江	0.345	0.701	0.940	0.660	东部地区	0.477	0.256	0.743	0.515
安徽	0.358	0.422	0.997	0.615	中部地区	0.387	0.443	0.984	0.630

续表

省（自治区、直辖市）/地区	城镇化综合序参量	农业集聚综合序参量	耦合度	协调度	省（自治区、直辖市）/地区	城镇化综合序参量	农业集聚综合序参量	耦合度	协调度
江西	0.468	0.390	0.996	0.664	西部地区	0.349	0.580	0.959	0.636
河南	0.466	0.470	1.000	0.684	均值	0.404	0.430	0.889	0.591
湖北	0.378	0.471	0.994	0.637					

表4-3显示，中国城镇化水平存在明显差异，总体看，东部地区的城镇化水平高于中西部地区。全国城镇化综合序参量为0.404，东部地区为0.477，中部地区为0.387，西部地区为0.349。东部地区的上海、江苏较高，均在0.58以上，中部地区的河南、江西较高，均在0.46以上，西部地区的青海、陕西、新疆较高，均在0.42以上。从东、中、西部地区人口城镇化率比较来看，东部地区的人口城镇化率高于中、西部地区，至2017年，东部地区的城镇化率为69.97%，远高于中部地区（55.69%）、西部地区（51.10%）①。农村劳动力的转移一般从欠发达地区向发达地区转移，中国表现为中西部地区向东部地区转移，导致东部地区的人口增加，进而影响城镇化水平。

从农业集聚综合序参量看，农业集聚水平存在明显差异，西部地区最高，达到0.580，中部地区次之，为0.443，东部地区最低，仅为0.256。其中贵州、海南、甘肃、云南、广西、黑龙江等农业集聚程度较高，均在0.7以上，河北、安徽、河南、湖北、湖南、内蒙古、四川、西藏、陕西、青海、宁夏、新疆等介于0.4~0.7，其余省份在0.4以下，可以看出，农业集聚较高的省份主要集中在中西部地区，这与中国农产品主产区主要集中在中西部地区一致。

从耦合性水平看，各地区的耦合性水平存在明显差异，东部地区较低，为0.743，处于耦合磨合阶段，中西部地区高于东部地区，分别为0.984、0.959，处于高水平耦合阶段，城镇化与农业集聚之间相互推动。从全国的均值来看，城

---

① 原始数据来源于《中国统计年鉴》（2018），东、中、西部地区的人口城镇化率通过计算所得，有关人口城镇化率的计算采用的是城镇人口占总人口的百分比。

镇化与农业集聚之间的耦合度为 0.889。从各省（自治区、直辖市）的耦合性看，上海最低，接近 0，意味着城镇化与农业集聚之间的耦合度极小，说明两者之间无关联且无序发展；北京为 0.225，相对较低，属于低水平耦合；天津耦合性为 0.524，意味着天津的城镇化与农业集聚之间处于磨合耦合阶段；河南、陕西、青海三省的城镇化与农业集聚的耦合度达到 1，意味着这三省达到良性耦合共振且趋向新的有序结构；其余省份介于 0.7～1，意味着这些省份处于高水平耦合阶段，两者之间互动强劲。由此得出，东中西部地区城镇化与农业集聚之间耦合效应不同，各省份之间的耦合效应也存在差异。

从协调性水平看，中国东中西部地区的协调性差异并不明显，东部地区略低于中、西部地区，全国整体水平为 0.591，处于高度协调的低水平阶段，东、中、西部地区分别为 0.515、0.630、0.636，均处于高度协调的低水平阶段。从各省份的协调性水平来看，海南、河南、湖南、内蒙古、贵州、云南、陕西、新疆均在 0.67 以上，属于高度协调；北京为 0.291，属于低度协调；天津为 0.421，属于中度协调；上海的协调性却为 0，意味着上海的城镇化与农业集聚之间的相关性极小，甚至无关；其余省份均在 0.50～0.67，属于高度协调的低水平阶段。由此看出，各省（自治区、直辖市）之间的协调性差异相对明显。

四、各省（自治区、直辖市）耦合效应、协调度波动性比较

为更好地分析各省（自治区、直辖市）耦合效应、协调效应的差异，进一步对 2017 年城镇化综合序参量、农业集聚综合序参量、耦合度、协调度的波动性进行比较。

从城镇化综合序参量的波动性看，上海、江苏相对较高，分别为 0.187、0.181，意味着上海、江苏的城镇化水平较高，其次波动性较大的省份为北京（0.158）、浙江（0.149）、广东（0.139），且波动性均为正值，这些省（自治区、直辖市）的城镇化水平高于全国均值，但宁夏（-0.192）、重庆（-0.137）、吉林（-0.136）、西藏（-0.136）、广西（-0.121）、辽宁（-0.101）的波动性虽较大，

但均为负值，意味着这些省(自治区、直辖市)的城镇化水平远低于全国均值，其他省(自治区、直辖市)的波动性的绝对值介于0~0.1，波动相对较小，意味着这些省(自治区、直辖市)的城镇化在均值附近徘徊。

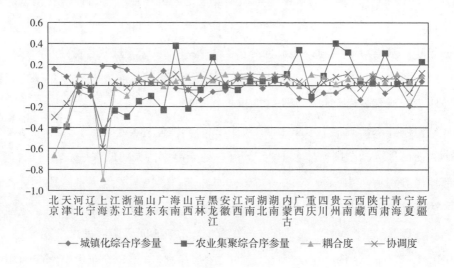

图4-8　各变量的波动性

从农业集聚综合序参量波动性看，波动性较大且为负值的省份为上海(-0.430)、北京(-0.422)、天津(-0.390)、浙江(-0.295)、江苏(-0.236)、广东(-0.232)等，这些省(自治区、直辖市)主要集中在东部发达地区，农业发展严重滞后于工业、服务业的发展，而贵州(0.402)、海南(0.380)、广西(0.339)、云南(0.317)、甘肃(0.308)、新疆(0.235)等省(自治区、直辖市)的波动性较大且为正值，这些省份的特色农业发展较为突出，农业集聚度较高。整体来看，农业集聚的波动性大于城镇化的波动性，意味着中国各省(自治区、直辖市)农业发展差异较大。

从耦合度的波动性看，上海(-0.889)、北京(-0.664)、天津(-0.364)尤为明显，且为负值，意味着上海、北京、天津的耦合度远低于全国平均水平；河南(0.1114)、陕西(0.1112)、山西(0.104)、海南(0.110)、安徽(0.108)、江西(0.107)均为正值，其中大多省(自治区、直辖市)位于中西部地区，且高于平均值，意味着这些省（自治区、直辖市）的耦合度略高于或与全国平均水平相当。

从协调度波动性来看，除北京（－0.300）、天津（－0.170）、上海（－0.591）外，其余省（自治区、直辖市）的协调度波动性绝对值介于0~0.12，协调性的差异相对较小。

五、各省（自治区、直辖市）耦合效应、协调度排序

为更好地比较各省（自治区、直辖市）耦合效应、协调度之间的大小，将城镇化综合序参量、农业集聚综合序参量、耦合度、协调度进行排序。所得结果如表4-4所示：

表4-4　各省（自治区、直辖市）城镇化、农业集聚的耦合度与协调度排序

省（自治区、直辖市）/地区	城镇化综合序参量	农业集聚综合序参量	耦合度	协调度	省（自治区、直辖市）/地区	城镇化综合序参量	农业集聚综合序参量	耦合度	协调度
北京	3	30	30	30	湖北	18	11	8	13
天津	6	29	29	29	湖南	11	10	4	6
河北	22	17	9	21	内蒙古	15	8	10	7
辽宁	26	19	11	22	广西	27	3	25	15
上海	1	31	31	31	重庆	30	23	7	27
江苏	2	27	27	16	四川	24	9	15	18
浙江	4	28	28	23	贵州	23	1	24	8
福建	7	24	16	14	云南	16	4	19	2
山东	13	22	12	17	西藏	28	13	18	24
广东	5	26	26	20	陕西	8	15	2	5
海南	17	2	21	3	甘肃	25	5	23	12
山西	19	25	17	26	青海	14	16	3	11
吉林	29	21	13	25	宁夏	31	14	22	28
黑龙江	21	6	20	10	新疆	12	7	14	1
安徽	20	18	5	19	东部地区	1	3	3	3
江西	9	20	6	9	中部地区	2	2	1	2
河南	10	12	1	4	西部地区	3	1	2	1

从各省（自治区、直辖市）的城镇化综合序参量看，上海、江苏、北京、浙江、广东、天津、福建等位于前列，这些省（自治区、直辖市）主要集中于东部地区，位于后十位的省（自治区、直辖市）主要集中在中、西部地区。东部地区的城镇化水平高于中、西部地区，东部地区的经济较为发达，吸引了大量的中西部劳动力向东部地区转移，引起城镇化水平的提高。

从农业集聚综合序参量看，位于前十位的省（自治区、直辖市）主要集中在中西部省份。位于后十位的省（自治区、直辖市）主要集中在东部地区。可见，中西部地区的农业发展优于东部地区，特别是一些特色农业，中西部地区表现更为明显。正是随着农业的发展，农业产业化进一步扩大，产生规模化、集约化经营模型，农业产业区形成，使得这些地区的农业集聚更为突出。

从耦合性水平排序看，位于前十位的省（自治区、直辖市）主要集中在中西部地区，位于后十位的省（自治区、直辖市）主要集中在东部发达地区。由此看出，中西部地区城镇化与农业集聚的互动效应更为明显，东部地区城镇化与农业集聚的互动效应却较为滞后，意味着农业的发展一定程度上滞后于城镇化。

从协调性水平排序看，位于前十位的省（自治区、直辖市）主要集中在中西部地区，位于后十位的省（自治区、直辖市）主要集中在中东部地区，但东中西部地区整体协调性差异并不十分明显。

第四节　本章结论与政策建议

一、本章结论

本章采用 2000~2017 年的相关数据，运用耦合协调模型，对城镇化与农业集聚之间的耦合度进行测度并对两者之间的协调效应进行分析，得出以下几点结论：

其一，2000~2017 年城镇化综合序参量呈现波动性上升的变化趋势，农业集聚序参量呈现"U"形变化趋势，耦合度、协调度的变化相对较小，最大值与最小值的偏离差异分别为 0.013、0.051。

其二，各省（自治区、直辖市）城镇化综合序参量差异明显，较高的省（自治区、直辖市）主要集中于城镇化水平较高的东部地区，中西部地区相对较低；各省（自治区、直辖市）农业集聚综合序参量的差异明显，较高的省份主要集中在农业较为发达的中西部地区，东部地区相对较低。

其三，东、中、西部地区的耦合度存在明显差异性，东部地区低于中西部地区，从各省（自治区、直辖市）来看，上海最低为 0，属于耦合度极小，无关联且无序发展，北京处于低水平耦合阶段，天津处于磨合耦合阶段，河南、陕西、青海达到良性耦合共振，其余省（自治区、直辖市）处于高水平耦合阶段。

其四，中西部地区略高于东部地区，三个地区均处于高度协调的低水平阶段。从各省（自治区、直辖市）的协调性水平来看，上海协调性最小，为 0，北京为低度协调，天津处于中度协调，其余省（自治区、直辖市）处于高度协调的低水平阶段。

二、本章政策建议

城镇化与农业现代化的协调发展，有利于促进中国经济的可持续发展，在"一带一路"建设、长江经济带建设、西部大开发战略等背景下，东中西部地区应利用不同的政策红利，实施不同的措施。

其一，东部地区利用其技术密集、资本密集的优势，发展农产品深加工业，中西部地区应抓住经济转型升级契机，整合区域优势资源和要素禀赋，提升现代农业集聚水平，促进重点商品农业基地集约化、现代化、信息化发展，建设特色农业产业集聚区以及不同层次的农业产业园区，使中西部城镇化与农业现代化进入快速耦合发展轨道。

其二，加快推进中西部地区的城镇化水平，在分工深化进程中促进农业现代化发展。中西部地区的城镇化水平远低于东部地区，中西部地区承接东部地区产业转移的过程中，需要强化就地城镇化建设，激励中西部地区的大量农村劳动力就近转移，通过消费结构升级促进农产品的产业化和合理化，使得农产品向纵深方向发展。加快特色小城镇建设，以深化农业农村供给侧结构性改革为契机，创造更多就业岗位和创业机会，吸引农村人口向城镇转移，为农业集聚提供更多现代新型职业劳动力，通过农业全要素生产率的提升促进农业集聚效率，同时向更多非农就业人员提供农产品，提高商品化率。

其三，以技术进步为导向，大力发展绿色集约农业和工厂化农业，在城镇化过程中促进低碳、特色、精细化、市场化农业发展，提高农业生产集约化、专业化、组织化、社会化水平，推进农业信息化、产业化和适度规模经营，形成面向需求、具有优势、主导产业和特色产业兼顾的农业综合体。推进农业绿色发展，降低资源和生态环境承载压力，实现农业现代化与生态环境改善"双赢"。持续调整传统农业空间布局结构，充分发挥区域比较优势，防止产品趋同和重复建设，实行区域特色化布局。

其四，以主体功能区为导向，加速农村与城镇，农业与现代工业、服务业的融合，按照主体功能区要求，推进劳动力流动、土地开发以及相关产业融合。深化供销合作社综合改革，开展生产、供销、信用"三位一体"综合合作试点，健全服务农民生产生活综合平台。培育高素质农民，吸引城市各方面人才到农村创业创新，参与乡村振兴和现代农业建设。在重点农产品主产区和特色农业集聚区，制定合理规划，优化政策设计，引导农村剩余劳动力向优势、特色农业产业部门转移，延伸农业产业链，建立点、轴、网结合的农业空间布局模式，使农业的集聚效应与专业化、区位优势相互协同，更好地实现城镇化与产业集聚的协同效应，最终实现党的十九大提出的推进"农业农村优先"发展的经济社会目标。

第五章
农业集聚重心与农业发展重心的耦合态势与相关性

重心是力学中的概念，是指在区域空间中存在某一点，这点在各个方向上均保持相对均衡，后将其引入经济学研究中。有关研究主要集中在对相关经济变量重心的分析，如经济重心、人口重心、各产业产值重心等（倪鹏飞等，2014；徐建华、岳文泽，2001；刘子鑫等，2017；李豫新等，2016）。同时也有对不同行业重心的研究，如制造业重心（吴三忙、李善同，2010；原嫄等，2015）、高新技术产业重心（尹为等，2012）、社会消费品零售行业重心（李在军等、2014）等。伴随农业供给侧结构性改革的进行，农业产业结构在不断变化，农业的区域性特征也逐渐显现，同时农业工业化、农村城镇化、专业化分工开始受到关注，但对农业集聚重心的研究仍相对较少，仅部分研究分析农业产业地理集聚，认为考察期内种植业集聚程度与区域专业化、多样化同步增强，整体呈现南下西进趋势，不同农作物的表现也有所不同，不同阶段呈现不同的特征，这些受到自然禀赋条件、技术、制度与经济、劳动力成本、运输成本等因素的影响（肖卫东，2012；王伟新等，2013）。

从研究区域看，大多数研究从全国层面进行，如肖池伟等（2017）分析老挝的种植结构的时空演变特征；胡晨沛等（2019）刻画了中国农业经济和农业要素禀赋结构重心的时空演变轨迹，同时通过耦合"经济—禀赋"重心的空间变动过程测度农业经济与禀赋结构的协同程度。仅部分研究从区域、省域、县域层面进行，如仲俊涛等（2014）对宁夏粮食重心的研究，唐惠燕和包平（2014）对江苏省水稻种植面积和产量时空的变迁进行研究。胡慧芝等（2019）、陈昌玲等

（2016）、谭言飞等（2019）运用重心转移模型对江苏县域粮食产量、耕地面积的时空格局演变进行分析；赵向豪等（2016）对新疆种植业地理集聚的时空特征进行分析；张磊等（2018）对环洱海地区 1988～2012 年耕地与农业劳动力的空间分布与耦合关系进行分析；高军波等（2019）以县域为研究空间单元，揭示河南省农作物生产空间及专业化演变趋势；潘竟虎等（2016，2017）以全国县域及甘肃省县域为研究单元，对人均粮食占有量的空间格局进行测定。从研究行业看，有对某种农作物进行研究，也有对多种农作物整体进行研究。从研究方法看，主要基于时间序列数据模型、重心模型、GIS 模型等。

上述研究存在以下几个特点：①多数研究针对经济重心、人口重心及与经济相关指标重心的分析，如人口、经济、消费等重心进行研究。②多数研究集中于制造业，仅部分研究对农业进行研究，但仅仅对某种农作物集聚重心研究，极少关注不同农作物集聚重心变化。针对农业的研究主要集中于某种农作物的种植面积与产量，而针对农业产业重心及农业集聚重心是否对农民收入重心产生影响，产生何种影响的研究较少。③未分析农业产业集聚重心变化对农民收入和农业发展的影响，对农业集聚重心与农业发展重心的研究相对独立，对两者关系研究较少，同时主要在静态性状上，较少关注其动态变化。④研究区域主要集中于全国层面，而从区域层面研究的较少。

本章针对农业集聚重心与农业发展重心进行分析，从不同农作物的集聚重心出发，在分析不同农作物集聚的空间分布特征及重心变化趋势的基础上，分析农业集聚对农业发展重心的影响。选取九类农作物作为研究对象，主要包含谷物、豆类、薯类、棉花、油料、糖料、麻类、烟叶、蔬菜等，将农业发展划分为农业产业增长和农民收入两方面，重点研究中国农业集聚重心与农业产业增长重心、农民收入重心的变动轨迹，就农业集聚重心与农业产业增长重心、农民收入重心的变动效应进行分析。本章选取的研究方法为重心分析方法、耦合性分析模型及线性回归模型，重心分析方法主要分析农业集聚重心、农业发展重心的演化特征及演化原因，耦合性分析主要从空间重叠性和变动一致性两方面分析农业集聚重心与农业发展重心之间的耦合与协同性，线性回归模型主要针对农业集聚重心经纬度与农业发展重心经纬度之间的相关性分析。本章考察时段为 1995～2017 年，考虑到数据的连续性和统计口径的一致性及农业的特殊性，选取农作物的产量数据反映农业集聚水平及规模，数据主要来自于 1996～2018 年的《中国农村统计年鉴》《中国统计年鉴》，部分缺失数据来自于《中国农业年鉴》及《中国农垦统计年鉴》，有关农民收入的数据来自于《中国统计年鉴》（1996～2018），其中 1995～2013 年有关农民收入的数据采用农村居民人均纯收入，2014～2017 年的数据采用农村居民人均可支配收入，农业产业增长采用农业总产值衡量，数据来源于《中国统计年鉴》（1996～2018）。

第一节　研究方法与模型构建

一、重心分析方法

重心法主要通过计算确定研究对象的经纬度值，确定研究对象的空间重心，经度值、纬度值的计算采用式（5-1）、式（5-2）。

$$\bar{x} = \frac{\sum\limits_{i=1}^{n} m_i x_i}{\sum\limits_{i=1}^{n} m_i} \tag{5-1}$$

$$\bar{y} = \frac{\sum\limits_{i=1}^{n} m_i y_i}{\sum\limits_{i=1}^{n} m_i} \tag{5-2}$$

其中，n 为次级区域，i 为第 i 个次级区域，(x_i, y_i) 为第 i 个次级区域中心，x_i、y_i 分别为第 i 个次级区域中心的经度值和纬度值，$(\bar{x}, \bar{y})$ 为某区域的几何中心，即为某区域某种属性重心的经度值与纬度值，m_i 为第 i 个次级区域某属性的量值。当 (x_i, y_i) 与 $(\bar{x}, \bar{y})$ 显著不同时，意味着存在空间不均衡，即重心偏离。偏离距离代表均衡程度，偏离方向代表空间现象的"高密度"方向。

有关距离的判断如式（5-3）所示：

$$d_{q-p} = c \times \sqrt{(\bar{x}_q - \bar{x}_p)^2 + (\bar{y}_q - \bar{y}_p)^2} \tag{5-3}$$

其中，d_{q-p} 表示从 p 年到 q 年重心移动的距离，$\bar{x}_p$、$\bar{x}_q$ 分别表示 p 年、q 年的某属性的经度值，$\bar{y}_p$、$\bar{y}_q$ 分别表示 p 年、q 年某属性的纬度值。c 为常数，表示由地球表面坐标单位转化为平面距离的系数，c 设定为 111.111。

二、农业集聚重心与农业发展重心耦合性分析模型

重心法仅仅是对农业集聚重心和农业发展重心的移动趋势与移动特征进行分析，并未对两者之间的耦合性进行分析。有关两者间的耦合性分析将从空间重叠性和变动一致性两方面进行，具体如下：

1. 空间重叠性

有关空间重叠性的计算采用农业集聚重心与农业发展重心的空间距离来衡量，计算公式如式（5-4）所示：

$$S = d_{m,n} = \sqrt{(x_m - x_n)^2 + (y_m - y_n)^2} \tag{5-4}$$

其中，m、n 为农业集聚重心与农业发展重心相同年份的坐标，x_m、x_n 分别为相同年份农业集聚重心与农业发展重心的经度值，y_m、y_n 分别为相同年份农业集聚重心与农业发展重心的纬度值，$d_{m,n}$ 为两者间的空间距离，空间距离与耦合性呈现反向关系，空间距离越近耦合性越高，反之亦然。

2. 变动一致性

变动一致性指两种重心相对上一时间点移动的矢量夹角，有关变动一致性的判断是通过方向余弦衡量，即农业集聚重心与农业发展重心相对上一时间点移动的矢量夹角的余弦值。即为：

$$C = \cos\theta = \frac{(\Delta x_m^2 + \Delta y_m^2) + (\Delta x_n^2 + \Delta y_n^2) - [(\Delta x_m^2 - \Delta y_m^2) + (\Delta x_n^2 - \Delta y_n^2)]}{2\sqrt{(\Delta x_m^2 + \Delta y_m^2)(\Delta x_n^2 + \Delta y_n^2)}}$$

$$= \frac{\Delta x_m \Delta x_n + \Delta y_m \Delta y_n}{\sqrt{(\Delta x_m^2 + \Delta y_m^2)(\Delta x_n^2 + \Delta y_n^2)}} \tag{5-5}$$

其中，θ 为两种重心相对上一时间点移动的矢量夹角，取值范围为 $\theta \in [0°,$ $180°]$，Δx_m、Δx_n 分别为相同年份农业集聚重心与农业发展重心的经度值相对上一时间点的变化，Δy_m、Δy_n 分别为相同年份农业集聚重心与农业发展重心的纬度值相对上一时间点的变化。C 的取值范围为 $C \in [-1, 1]$，当 $C = -1$ 时，表示两者方向相反，意味着两者变动不一致，当 $C = 1$ 时，表示两者方向相同，意味着两者变动一致，当 $C \in (-1, 0)$ 时，表示两者方向变化呈现反向偏离，当 $C \in (0, 1)$ 时，表示两者方向变化呈现正向偏离。

三、农业集聚重心与农业发展重心相关性分析模型

重心法和耦合模型仅仅是对农业集聚与农业发展空间距离与方向的判断，而对两者间的关联性并未进行分析。为简化研究，本章选择最简单的线性回归模型判断两者之间的关联性，模型如式（5-6）、式（5-7）所示：

$$Y_{1t} = \beta_0 + \beta_1 X_{1t} \tag{5-6}$$
$$Y_{2t} = \gamma_0 + \beta_2 X_{2t} \tag{5-7}$$

其中，Y_{1t} 为 t 年农业发展的纬度，Y_{2t} 为 t 年农业发展的经度，X_{1t} 为农业产业集聚 t 年的纬度，X_{2t} 为农业产业集聚 t 年的经度，β_0、γ_0 为常数，β_1、β_2 为弹性系数。

第二节　农业集聚重心与农业发展重心的变动轨迹

一、农业集聚重心变动轨迹

1. 农业集聚重心空间位置、移动方向与距离

中国农业集聚重心的分析需要明确经纬度，有关各省（自治区、直辖市）

的经纬度数据来自百度地图，农业集聚经纬度的计算，根据式（5－1）、式(5－2)，计算中国 1995～2017 年的农业集聚重心变动轨迹与演变特征，测算出 1996 年以来中国农业集聚重心移动方向和移动距离，结果如表 5－1 所示：

表 5－1 农业集聚重心空间位置、移动方向与距离

年份	纬度（度）	经度（度）	移动距离（千米）	移动方向	年份	纬度（度）	经度（度）	移动距离（千米）	移动方向
1995	34.096	109.781	—	—	2008	34.323	108.665	18.237	向东偏北
1996	33.932	109.456	40.478	向西偏南	2009	33.854	108.924	59.544	向南偏东
1997	34.045	109.469	12.599	向北偏东	2010	33.762	108.956	10.836	向南偏东
1998	34.172	109.084	45.027	向西偏北	2011	33.673	108.685	31.682	向西偏南
1999	34.331	108.704	45.805	向西偏北	2012	33.820	108.255	50.478	向西偏北
2000	34.563	109.171	57.979	向东偏北	2013	33.716	108.171	14.794	向南偏西
2001	34.493	109.559	43.805	向东偏南	2014	33.793	108.229	10.771	向北偏东
2002	34.518	109.095	51.714	向西偏北	2015	33.687	108.168	13.687	向南偏西
2003	34.686	109.066	18.943	向北偏西	2016	34.129	108.521	62.949	向北偏东
2004	34.439	109.296	37.493	向南偏东	2017	34.652	108.021	80.392	向北偏西
2005	34.437	108.878	46.426	向西偏南	1995～2017	—	—	205.108	向西偏北
2006	34.286	108.744	22.395	向南偏西	1995～2006	—	—	117.098	向西偏北
2007	34.231	108.529	24.739	向西偏南	2006～2017	—	—	90.089	向西偏北

注：移动距离、移动方向所对应的年份 1996 年、1997 年、……、2016 年、2017 年指 1995～1996 年、1996～1997 年、……、2015～2016 年、2016～2017 年，本章余同。

根据表 5－1 计算结果，将 1995～2017 年农业集聚重心变动轨迹作坐标图，以经度作为横坐标，以纬度作为纵坐标，变动轨迹如图 5－1 所示。

不同阶段农业集聚重心均发生移动，移动距离和移动方向存在差异（见表 5－1、图 5－1）。作为自然资源环境禀赋较强的产业，自然资源对农业的发展起到重要的作用，同时农业属于劳动密集型产业，劳动力资源相对丰富的地区对农业发展更为有利，但随着机械化、规模化生产的开展，劳动力数量对其影响效应逐渐降低，同时政府对农产品发展的政策引导，使得农业集聚重心发生一定的移动。具体表现为：

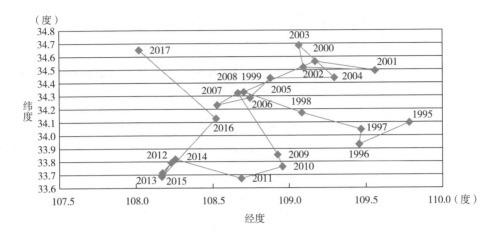

图 5 - 1　中国农业集聚重心迁移

（1）不同时间段农业集聚重心移动方向有所不同。从东西方向看，1995～2017 年经度的变化虽呈现波动性变化，但考察期内农业集聚重心整体呈现向西方向移动。具体看，1995～1999 年呈现向西方向移动，相比 1999 年，2000～2006 年呈现向东移动，之后 2007～2017 年呈现波动性向西移动。进一步分析原因，东部地区是二、三产业发展的先行区域，第一产业比重在逐年降低，同时东中西部农业产业政策的不同，导致农业集聚逐渐向西倾斜，而农业功能区的承载差异，使得我国粮食主产区主要集聚在中东部地区，而特色农业、生态农业的发展使得农业集聚再向西转移。从南北方向看，不同时间段移动方向有所不同，考察期内整体呈现先向北移动后向南移动再向北移动，具体表现为 1995～2003 年整体呈现向北移动的趋势，2003～2015 年整体呈现向南移动，2016～2017 年再次呈现向北移动。农业是资源禀赋较强的产业，南北方农业的自然条件存在极大差异，南方降水量整体高于北方，这对南方地区造成双向影响，一是为南方地区提供充足的水分，二是易造成南方的自然灾害，如 20 世纪 90 年代末，长江流域洪涝灾害一定程度上影响南方农业发展，使得集聚向北移动。

（2）不同时间段农业集聚重心空间位置变化有所不同。相比 1995 年，2017 年农业集聚重心西移 1.760°，移动幅度为 1.60%，北移 0.556°，移动幅度为 1.63%，一定程度上说明中国农业集聚南北分布动态变化的剧烈程度略高于东西分布动态变化。究其原因，南北方向农业生产的自然条件存在巨大差异，给农业生产带来很多不确定因素，使得农业集聚在南北方向存在剧烈的变动，而东西方向由于农业政策、劳动力要素等因素造成考察期内农业集聚整体向西移动。具体看，1995 年农业集聚重心位于东经 109.781°、北纬 34.096°，相比 1995 年，1996 年呈现向西偏南的趋势，之后至 1999 年呈现向西偏北的趋势，至 2000 年位于东经 109.171°、北纬 34.563°，1995~2000 年处于市场经济的初期，东部沿海地区二三产业得到迅速发展，第一产业从业人员下降，农业集聚向西南移动，与 2000 年相比，2005 年呈现向西偏南趋势，2006~2008 年介于东经 108.55°~108.78°，北纬 34.23°~34.33°，与 2005 年相比呈现向西偏南趋势，之后的 2009~2010 年呈现向东偏南的趋势，2011~2015 年呈现向西移动，南北方向的移动相对偏小，与 2015 年相比，2016 年呈现向北偏东的趋势，之后的 2017 年呈现向北偏西的趋势。这一阶段，农业发展逐步向现代农业发展，农业生产注重技术水平的提高，农业集聚也由劳动密集型逐渐向技术密集型的现代农业转变。

（3）不同时间段内中国农业集聚重心移动距离存在较大差异。1996~2017 年中国农业集聚重心移动距离呈现波动性变化，除 1997 年外，1996~2002 年中国农业集聚重心移动距离介于 40~52 千米，除 2005 年、2009 年、2012 年外，2003~2015 年中国农业集聚重心移动距离介于 10~38 千米，2016 年、2017 年的移动距离分别为 62.949 千米、80.392 千米。

2. 各类农作物集聚重心空间位置、移动方向与距离

利用式（5-1）、式（5-2）计算各种农作物集聚重心，如表 5-2~表 5-10 所示，测算了 1995~2017 年中国九类农作物集聚重心空间位置、移动方向与距离。

表 5-2　中国谷物集聚重心空间位置、移动方向与距离

年份	纬度（度）	经度（度）	移动距离（千米）	移动方向	年份	纬度（度）	经度（度）	移动距离（千米）	移动方向
1995	34.286	111.373	—	—	1997	34.423	111.126	21.916	向西偏北
1996	34.305	111.284	10.042	向西偏北	1998	34.515	111.353	27.175	向东偏北

续表

年份	纬度（度）	经度（度）	移动距离（千米）	移动方向	年份	纬度（度）	经度（度）	移动距离（千米）	移动方向
1999	34.320	111.264	23.883	向南偏西	2010	34.820	112.195	13.470	向东偏北
2000	34.056	110.716	67.599	向西偏南	2011	34.985	112.376	27.120	向东偏北
2001	34.184	110.820	18.415	向北偏东	2012	35.053	112.384	7.641	向北偏东
2002	34.297	110.800	12.752	向北偏西	2013	35.200	112.425	16.990	向北偏东
2003	34.290	110.832	3.601	向东偏南	2014	35.163	112.408	4.603	向南偏西
2004	34.441	111.318	56.616	向东偏北	2015	35.262	112.472	13.105	向北偏东
2005	34.503	111.457	16.843	向东偏北	2016	35.313	112.567	11.958	向东偏北
2006	34.725	111.736	39.640	向东偏北	2017	35.469	112.715	23.915	向北偏东
2007	34.709	111.814	8.846	向东偏南	1995~2017	—	—	198.781	向东偏北
2008	34.734	112.017	22.746	向东偏北	1995~2006	—	—	63.298	向北偏东
2009	34.763	112.089	8.618	向东偏北	2006~2017	—	—	136.626	向东偏北

表5-3　中国豆类集聚重心空间位置、移动方向与距离

年份	纬度（度）	经度（度）	移动距离（千米）	移动方向	年份	纬度（度）	经度（度）	移动距离（千米）	移动方向
1995	36.313	111.810	—	—	2008	37.050	113.815	132.675	向东偏北
1996	36.046	111.285	65.443	向西偏南	2009	36.967	113.638	21.708	向西偏南
1997	37.111	113.666	289.763	向东偏北	2010	37.155	114.039	49.223	向东偏北
1998	36.537	112.192	175.679	向西偏南	2011	36.620	113.493	84.963	向西偏南
1999	36.337	112.198	22.221	向南偏东	2012	35.994	112.813	102.731	向西偏南
2000	37.198	113.893	211.334	向东偏北	2013	35.572	112.651	50.168	向南偏西
2001	37.047	113.525	44.292	向西偏南	2014	35.605	113.094	49.333	向东偏北
2002	37.099	113.475	7.984	向北偏西	2015	35.439	112.992	21.569	向南偏西
2003	37.598	114.613	138.047	向东偏北	2016	36.067	113.883	121.148	向东偏北
2004	37.721	114.489	19.469	向西偏北	2017	36.856	113.860	87.641	向北偏西
2005	37.458	114.078	54.187	向西偏南	1995~2017	—	—	235.544	向东偏北
2006	37.280	113.714	45.089	向西偏南	1995~2006	—	—	237.227	向东偏北
2007	36.654	112.688	133.483	向西偏南	2006~2017	—	—	49.835	向南偏东

表5-4　中国薯类集聚重心空间位置、移动方向与距离

年份	纬度（度）	经度（度）	移动距离（千米）	移动方向	年份	纬度（度）	经度（度）	移动距离（千米）	移动方向
1995	32.508	109.801	—	—	2008	33.098	107.954	48.740	向西偏北
1996	32.654	109.710	19.094	向北偏西	2009	32.998	108.078	17.676	向东偏南
1997	32.752	110.232	58.986	向东偏北	2010	33.225	108.600	63.297	向东偏北
1998	32.880	110.156	16.552	向北偏西	2011	33.069	108.418	26.718	向西偏南
1999	32.685	109.932	32.937	向西偏南	2012	32.974	108.654	28.275	向东偏南
2000	33.069	109.931	42.691	向北偏西	2013	32.813	108.320	41.225	向西偏南
2001	32.993	109.397	59.995	向西偏南	2014	32.785	108.413	10.842	向东偏南
2002	33.085	109.289	15.773	向西偏北	2015	32.631	108.452	17.672	向南偏东
2003	33.386	109.209	34.623	向北偏西	2016	32.735	108.497	12.647	向北偏东
2004	33.116	108.633	70.671	向西偏南	2017	33.087	107.885	78.396	向西偏北
2005	32.998	108.705	15.390	向南偏东	1995~2017	—	—	222.383	向西偏北
2006	32.877	108.737	13.900	向南偏东	1995~2006	—	—	125.160	向西偏北
2007	32.859	108.322	46.165	向西偏南	2006~2017	—	—	97.451	向西偏北

表5-5　中国棉花集聚重心空间位置、移动方向与距离

年份	纬度（度）	经度（度）	移动距离（千米）	移动方向	年份	纬度（度）	经度（度）	移动距离（千米）	移动方向
1995	38.032	101.737	—	—	2008	39.999	99.047	26.146	向西偏北
1996	38.044	101.154	64.862	向西偏北	2009	39.488	100.246	144.809	向东偏南
1997	38.448	99.854	151.242	向西偏北	2010	39.314	100.375	24.072	向南偏东
1998	39.151	98.707	149.477	向西偏北	2011	39.450	100.218	23.060	向西偏北
1999	39.937	96.648	244.881	向西偏北	2012	40.147	97.805	279.096	向西偏北
2000	39.956	97.286	70.981	向东偏北	2013	40.521	96.728	126.679	向西偏北
2001	39.157	100.338	350.527	向东偏南	2014	40.901	95.744	117.171	向西偏北
2002	39.345	100.005	42.524	向西偏北	2015	41.107	94.963	89.696	向西偏北
2003	39.643	100.169	37.785	向北偏东	2016	41.634	93.803	141.557	向西偏北
2004	39.148	101.712	180.049	向东偏南	2017	42.385	91.612	257.386	向西偏北
2005	39.469	100.188	173.076	向西偏北	1995~2017	—	—	1224.588	向西偏北
2006	39.877	99.519	87.027	向西偏北	1995~2006	—	—	320.584	向西偏北
2007	39.938	99.274	28.040	向西偏北	2006~2017	—	—	921.662	向西偏北

表 5 – 6　中国油料集聚重心空间位置、移动方向与距离

年份	纬度（度）	经度（度）	移动距离（千米）	移动方向	年份	纬度（度）	经度（度）	移动距离（千米）	移动方向
1995	33.740	109.133	—	—	2008	33.882	108.246	53.532	向北偏西
1996	33.566	109.320	28.397	向东偏南	2009	33.717	108.404	25.329	向南偏东
1997	33.646	109.053	30.993	向西偏北	2010	33.912	108.752	44.361	向东偏北
1998	33.972	108.849	42.782	向北偏西	2011	33.663	108.623	31.178	向南偏西
1999	34.094	108.593	31.496	向西偏北	2012	33.692	108.723	11.519	向东偏北
2000	34.067	109.474	97.984	向东偏南	2013	33.598	108.732	10.439	向南偏东
2001	33.736	109.595	39.154	向南偏东	2014	33.490	108.581	20.691	向西偏南
2002	34.077	109.274	52.018	向北偏西	2015	33.413	108.470	14.991	向西偏南
2003	34.160	109.109	20.610	向西偏北	2016	33.659	108.688	36.578	向北偏东
2004	33.850	108.909	41.006	向南偏西	2017	33.886	108.573	28.362	向北偏西
2005	33.871	108.899	2.478	向北偏西	1995 ~ 2017	—	—	64.373	向西偏北
2006	33.544	108.894	36.323	向南偏西	1995 ~ 2006	—	—	34.304	向西偏南
2007	33.451	108.461	49.196	向西偏南	2006 ~ 2017	—	—	52.219	向北偏西

表 5 – 7　中国糖料集聚重心空间位置、移动方向与距离

年份	纬度（度）	经度（度）	移动距离（千米）	移动方向	年份	纬度（度）	经度（度）	移动距离（千米）	移动方向
1995	32.207	108.448	—	—	2008	29.886	107.010	31.652	向东偏北
1996	31.891	107.939	66.649	向西偏南	2009	29.347	107.016	59.880	向南偏东
1997	31.728	107.573	44.504	向西偏南	2010	29.262	107.068	11.116	向南偏东
1998	31.349	107.020	74.501	向西偏南	2011	29.301	107.172	12.332	向东偏北
1999	30.632	106.919	80.391	向南偏西	2012	29.374	107.020	18.716	向西偏北
2000	30.613	107.482	62.608	向东偏南	2013	28.977	107.038	44.096	向南偏东
2001	30.989	106.976	70.059	向西偏北	2014	28.791	106.903	25.558	向南偏西
2002	30.816	107.425	53.504	向东偏南	2015	28.271	106.974	58.257	向南偏东
2003	29.881	106.827	123.333	向南偏西	2016	28.328	106.835	16.693	向西偏北
2004	29.764	106.951	18.937	向东偏南	2017	28.330	107.021	20.626	向东偏北
2005	29.906	106.941	15.878	向北偏西	1995 ~ 2017	—	—	459.043	向南偏西
2006	29.385	106.512	74.978	向南偏西	1995 ~ 2006	—	—	380.250	向南偏西
2007	29.867	106.726	58.529	向北偏东	2006 ~ 2017	—	—	130.130	向南偏东

表5-8　中国麻类集聚重心空间位置、移动方向与距离

年份	纬度（度）	经度（度）	移动距离（千米）	移动方向	年份	纬度（度）	经度（度）	移动距离（千米）	移动方向
1995	37.571	116.055	—	—	2008	36.416	109.705	98.677	向东偏南
1996	36.121	114.064	273.669	向西偏南	2009	33.162	109.651	361.663	向南偏西
1997	34.738	112.719	214.320	向南偏西	2010	32.433	108.430	157.954	向西偏南
1998	34.884	112.405	38.532	向西偏北	2011	32.561	106.730	189.464	向西偏北
1999	36.961	112.579	231.573	向北偏东	2012	33.263	105.801	129.423	向西偏北
2000	37.880	112.714	103.233	向北偏东	2013	32.600	107.328	185.061	向东偏南
2001	38.896	113.829	167.556	向东偏北	2014	33.457	108.410	153.367	向东偏北
2002	38.653	109.391	493.817	向西偏南	2015	33.113	108.925	68.884	向东偏南
2003	38.806	108.963	50.507	向西偏北	2016	36.152	113.010	565.768	向东偏北
2004	38.228	109.900	122.259	向东偏南	2017	39.052	116.078	468.994	向东偏北
2005	38.001	108.120	199.372	向西偏南	1995～2017	—	—	164.585	向北偏东
2006	37.365	109.282	147.148	向东偏南	1995～2006	—	—	752.951	向西偏南
2007	36.796	108.903	76.015	向南偏西	2006～2017	—	—	778.028	向东偏北

表5-9　中国烟叶集聚重心空间位置、移动方向与距离

年份	纬度（度）	经度（度）	移动距离（千米）	移动方向	年份	纬度（度）	经度（度）	移动距离（千米）	移动方向
1995	29.187	107.169	—	—	2008	28.746	108.346	61.055	向东偏北
1996	29.459	107.505	48.029	向东偏北	2009	28.891	108.334	16.177	向北偏西
1997	29.858	107.869	60.012	向北偏东	2010	28.633	107.972	49.424	向西偏南
1998	29.747	108.159	34.527	向东偏南	2011	28.615	108.025	6.154	向东偏南
1999	29.647	108.184	11.436	向南偏东	2012	28.696	108.125	14.351	向东偏北
2000	29.780	108.330	21.979	向东偏北	2013	28.545	108.222	19.826	向南偏东
2001	29.480	108.264	34.180	向南偏西	2014	28.535	108.387	18.427	向东偏南
2002	28.915	108.064	66.555	向南偏西	2015	28.445	108.188	24.262	向西偏南
2003	29.057	108.088	15.977	向北偏东	2016	28.372	108.192	8.064	向南偏东
2004	29.006	108.128	7.215	向南偏东	2017	27.923	107.894	59.979	向南偏西
2005	28.938	108.015	14.686	向西偏南	1995～2017	—	—	161.909	向南偏东
2006	28.724	107.679	44.281	向西偏南	1995～2006	—	—	76.506	向东偏南
2007	28.487	107.862	33.306	向南偏东	2006～2017	—	—	92.179	向南偏东

表5-10　中国蔬菜集聚重心空间位置、移动方向与距离

年份	纬度（度）	经度（度）	移动距离（千米）	移动方向	年份	纬度（度）	经度（度）	移动距离（千米）	移动方向
1995	34.260	113.297	—	—	2008	34.072	112.346	17.019	向西偏南
1996	34.356	113.511	25.994	向东偏北	2009	34.127	112.148	22.928	向西偏北
1997	34.149	113.416	25.327	向南偏西	2010	34.070	111.958	21.947	向西偏南
1998	34.066	113.285	17.216	向西偏南	2011	33.984	111.860	14.519	向西偏南
1999	34.397	113.247	36.997	向北偏西	2012	33.957	111.907	6.110	向东偏南
2000	34.509	113.300	13.744	向北偏东	2013	33.928	111.887	3.930	向南偏西
2001	34.376	113.237	16.288	向南偏西	2014	33.961	111.874	3.875	向北偏西
2002	34.316	113.165	10.387	向西偏南	2015	33.903	111.749	15.367	向西偏南
2003	34.349	113.051	13.248	向西偏北	2016	33.815	111.651	14.569	向西偏南
2004	34.255	112.745	35.557	向西偏南	2017	33.564	111.529	30.950	向南偏西
2005	34.180	112.604	17.707	向西偏南	1995~2017	—	—	211.122	向西偏南
2006	34.044	112.456	22.289	向西偏南	1995~2006	—	—	96.494	向西偏南
2007	34.087	112.499	6.699	向东偏北	2006~2017	—	—	115.982	向西偏南

表5-2~表5-10显示，中国不同农作物集聚经纬度及移动距离与方向呈现以下特征：

从谷物集聚重心看，中国谷物集聚重心呈现向东偏北趋势，1995年位于东经111.373°、北纬34.286°，至2017年位于东经112.715°、北纬35.469°，向东移动1.342°，移动幅度1.20%，向北移动1.183°，移动幅度3.45%，存在东北偏移的趋势，移动距离为198.781千米。分阶段看，从1995~2006年看，2006年位于东经111.736°，北纬34.725°，相比1995年向东移动0.452°，向北移动0.42°，移动距离为63.298千米，从2006~2017年看，相比2006年，2017年向东移动0.979°，向北移动0.744°，移动距离为136.626千米。具体来看，1995~2017年在34.0°~35.5°N、110.8°~112.8°E，相对于整个中国经纬度，存在东北偏移的趋势，从移动距离看，各年度存在明显的差异，2002~2003年仅移动3.601千米，1999~2000年移动67.699千米。

从豆类集聚重心看，中国豆类集聚重心呈现向东偏北趋势，1995年位于东经111.810°、北纬36.313°，至2017年位于东经113.860°、北纬36.856°，向东

移动2.05°，移动幅度1.83%，向北移动0.543°，移动幅度1.50%，存在东北偏移的趋势，移动距离为235.544千米。分阶段看，从1995~2006年看，2006年位于东经113.714°，北纬37.280°，相比1995年向东移动1.904°，向北移动0.967°，移动距离为237.227千米，从2006~2017年看，相比2006年，2017年向东移动0.146°，向南移动0.424°，移动距离为49.835千米，相比1995~2006年这阶段，谷物呈现向南偏移的趋势。具体来看，1995~2017年在35.4°~37.8°N、111.2°~1124.5°E，相对于整个中国经纬度，存在东北偏移的趋势，从移动距离看，各年度存在明显的差异，2001~2002年仅移动3.601千米，1996~1997年移动289.763千米。

从中国薯类集聚重心看，中国薯类集聚重心的变化由1995年的32.508°N、109.801°E变化为2017年的33.087°N、107.885°E，中国薯类集聚移动方向呈现向西偏北的趋势，无论从1995~2017年的数据看，还是从阶段数据1995~2006年、2006~2017年看都是如此，但移动距离有所不同，1995~2017年移动距离为222.383千米，1995~2006年移动距离为125.160千米，2006~2017年移动距离为97.451千米，移动距离减少。从1995~2017年中国薯类集聚纬度变化看，1995~2017年中国薯类集聚纬度呈现先上升后下降再上升再下降后上升趋势，具体为1995~2003年基本呈现上升趋势，至2007年呈现下降趋势，至2010年呈现上升趋势，2010~2015年再次呈现下降趋势，2016~2017年再次上升，1995~2017年中国薯类集聚经度的变化基本呈现下降趋势，1995~2017年重心在32.5°~33.4°N、107.8°~110.3°E变动。

从中国棉花集聚重心看，中国棉花集聚重心的变化由1995年的38.032°N、101.737°E变化为2017年的42.385°N、91.612°E，中国棉花集聚移动方向呈现向西偏北的趋势，无论从1995~2017年的数据看，还是从阶段数据1995~2006年、2006~2017年看都是如此，但移动距离有所不同，1995~2017年移动距离为1224.588千米，1995~2006年移动距离为320.584千米，2006~2017年移动距离为921.662千米，移动距离增加。从1995~2017年中国棉花集聚纬度变化看，整体呈现上升趋势，经度整体呈现下降趋势，1995~2017年重心在38.0°~42.4°N、96.6°~101.8°E变动。

从油料集聚重心看，1995 年位于东经 109.133°，北纬 33.740°，至 2017 年位于东经 108.573°、北纬 33.886°，向西移动 0.56°，移动幅度 0.51%，向北移动 0.146°，移动幅度 0.43%，存在向西偏北移动的趋势，移动距离为 64.373 千米。分阶段看，从 1995~2006 年看，2006 年位于东经 108.894°，北纬 33.544°，相比 1995 年向西移动 0.239°，向南移动 0.196°，移动距离为 34.304 千米，移动方向为向西偏南趋势，从 2006~2017 年看，相比 2006 年，2017 年向东移动 0.342°，向南移动 0.321°，移动距离为 52.219 千米，相比 1995~2006 年这阶段，油料呈现向北偏西的趋势。具体来看，1995~2017 年在 33.4°~34.2°N、108.2°~109.6°E，相对于整个中国经纬度，存在向西北偏移的趋势，从移动距离看，各年度存在明显的差异，2004~2005 年仅移动 2.478 千米，1999~2000 年移动 97.984 千米。

从糖料集聚重心看，1995 年位于东经 108.448°，北纬 32.207°，至 2017 年位于东经 107.021°、北纬 28.330°，向西移动 1.427°，移动幅度 1.32%，向南移动 3.877°，移动幅度 12.04%，存在向西南偏移的趋势，移动距离为 459.043 千米。分阶段看，从 1995~2006 年看，2006 年位于东经 106.512°，北纬 29.385°，相比 1995 年向西移动 1.936°，向南移动 2.822°，移动距离为 380.250 千米，移动方向为向西偏南趋势，从 2006~2017 年看，相比 2006 年，2017 年向东移动 0.509°，向南移动 1.055°，移动距离为 130.130 千米，相比 1995~2006 年这阶段，糖料移动方向呈现向南偏东的趋势。具体来看，1995~2017 年在 28.2°~32.3°N、106.5°~108.5°E，相对于整个中国经纬度，存在向西北偏移的趋势，从移动距离看，各年度存在明显的差异，2009~2010 年仅移动 11.116 千米，2002~2003 年移动 123.333 千米。

从麻类集聚重心看，1995 年位于东经 116.055°，北纬 37.571°，至 2017 年位于东经 116.078°、北纬 39.052°，向东移动 0.023°，移动幅度 0.02%，向北移动 1.481°，移动幅度 3.94%，存在向北偏东移动的趋势，移动距离为 164.585 千米。分阶段看，从 1995~2006 年看，2006 年位于东经 109.282°，北纬 37.365°，相比 1995 年向西移动 6.773°，向南移动 0.206°，移动距离为 752.951 千米，移动方向为向西偏南趋势，从 2006~2017 年看，相比 2006 年，2017 年向东移动

6.796°，向北移动 1.687°，移动距离为 778.028 千米，相比 1995~2006 年这阶段，麻类移动方向呈现向东偏北的趋势。具体来看，1995~2017 年在 32.5°~38.9°N、105.8°~116.1°E，从移动距离看，各年度存在明显的差异，1997~1998 年仅移动 38.532 千米，2015~2016 年移动 565.768 千米。1995~2017 年中国麻类集聚重心呈现向东南偏移的趋势，无论是 1995~2016 年，还是 2006~2017 年均是如此。

从烟叶集聚重心看，1995 年位于东经 107.169°，北纬 29.187°，至 2017 年位于东经 107.894°、北纬 27.923°，向东移动 0.725°，移动幅度 0.70%，向南移动 1.264°，移动幅度 4.33%，存在向东偏南移动的趋势，移动距离为 161.909 千米。分阶段看，从 1995~2006 年看，2006 年位于东经 107.679°，北纬 28.724°，相比 1995 年向东移动 0.51°，向南移动 0.463°，移动距离为 76.506 千米，移动方向为向西偏南趋势，从 2006~2017 年看，相比 2006 年，2017 年向东移动 0.211°，向南移动 0.801°，移动距离为 92.179 千米。具体来看，1995~2017 年在 27.9°~29.9°N、107.1°~108.4°E，从移动距离看，各年度存在明显的差异，2010~2011 年仅移动 6.154 千米，2001~2002 年移动 66.555 千米。

1995~2017 年中国蔬菜集聚重心呈现向西偏南的趋势，无论是 1995~2016 年，还是 2006~2017 年均是如此。具体来看，1995 年位于东经 113.297°，北纬 34.260°，至 2017 年位于东经 111.529°、北纬 33.564°，向西移动 1.768°，移动幅度 1.56%，向南移动 0.696°，移动幅度 2.03%，存在西南偏移的趋势，移动距离为 211.122 千米。分阶段看，从 1995~2006 年看，2006 年位于东经 112.456°，北纬 34.044°，相比 1995 年向西移动 0.841°，向南移动 0.216°，移动距离为 96.494 千米，从 2006~2017 年看，相比 2006 年，2017 年向西移动 0.927°，向南移动 0.48°，移动距离为 115.982 千米。具体来看，1995~2017 年在 33.5°~34.6°N、111.5°~113.6°E，相对于整个中国经纬度，存在西南偏移的趋势，从移动距离看，各年度存在明显的差异，2013~2014 年仅移动 3.875 千米，1998~1999 年移动 36.997 千米。

九类农作物相比，农作物之间集聚重心及移动方向呈现不同的特征，主要表现为不同农作物集聚重心存在不同，不同阶段中国不同农作物集聚重心移动距离和方向差距较为明显。

二、农业发展重心变动轨迹

1. 农业产业增长重心空间位置、移动方向与距离

利用式（5-1）、式（5-2），测算了1995~2017年中国农业产业增长重心空间位置、移动方向与距离。如表5-11所示：

表5-11　农业产业增长重心空间位置、移动方向与距离

年份	纬度（度）	经度（度）	移动距离（千米）	移动方向	年份	纬度（度）	经度（度）	移动距离（千米）	移动方向
1995	33.357	113.319	—	—	2008	33.521	112.575	3.321	向南偏西
1996	33.373	113.064	28.467	向西偏北	2009	33.560	112.478	11.688	向西偏北
1997	33.306	112.918	17.838	向西偏南	2010	33.697	112.190	35.418	向西偏北
1998	33.473	112.954	19.009	向北偏东	2011	33.633	112.329	16.991	向东偏南
1999	33.277	112.963	21.859	向南偏东	2012	33.732	112.303	11.407	向北偏西
2000	33.222	112.750	24.480	向西偏南	2013	33.859	112.430	19.958	向东偏北
2001	33.308	112.933	22.532	向东偏北	2014	33.801	112.319	13.906	向西偏南
2002	33.356	112.938	5.374	向北偏东	2015	33.668	112.269	15.740	向南偏西
2003	33.480	112.879	15.208	向北偏西	2016	33.439	111.998	39.433	向西偏南
2004	33.433	112.796	10.585	向西偏南	2017	33.390	111.932	9.132	向西偏南
2005	33.459	112.706	10.489	向西偏北	1995~2017	—	—	154.179	向西偏北
2006	33.529	112.743	8.864	向北偏东	1995~2006	—	—	66.780	向西偏北
2007	33.549	112.588	17.431	向西偏北	2006~2017	—	—	91.460	向西偏南

根据表5-11计算结果，将1995~2017年农业产业增长重心变动轨迹作坐标图，以经度作为横坐标，以纬度作为纵坐标，变动轨迹如图5-2所示。

不同阶段农业产业增长重心发生移动，移动距离和移动方向存在差异（见表5-11、图5-2）。具体看：

（1）不同时间内农业产业增长重心移动方向有所不同。从经度看，1995~

2017 年中国农业产业增长重心整体呈现向西移动的特征。从纬度看，1995~2017 年中国农业产业增长重心整体呈现向南向北再向南移动的特征。具体看，1995~2000 年中国农业产业增长重心整体呈现向南移动的特征，之后至 2013 年整体呈现向北移动的特征，2014~2017 年呈现向南移动的特征。伴随工业化、城镇化的快速发展，农村劳动力向城市转移，造成农村劳动力人口结构失衡，由于东西方向的经济发展存在差异，东部经济发达地区以发展二、三产业为主，同时中西部地区农业政策的扶持，使得农业产业增长重心表现为向西移动，而南北方向自然因素的不确定性，导致南北方向农业发展具有较强的波动性。

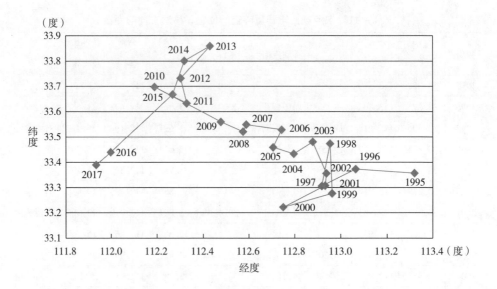

图 5-2 中国农业产业增长重心的迁移

（2）不同时间内农业产业增长重心空间位置变化有所不同。农业产业增长重心由 1995 年位于东经 113.319°、北纬 33.357°移动到 2017 年的东经 111.932°、北纬 33.390°，农业产业增长重心向西移动 1.387°，向北移动 0.033°。考察期内农业产业增长重心介于 33.2°~33.9°N、111.9°~113.3°E。由此看出，相对于整个中国经纬度（37.559°，104.114°），农业发展重心存在偏离，意味着农业发展存在不均衡现象。由于农业发展除受到基础性因素影响外，如劳动力、资本、技术水平等，外在因素如基础设施等也是其重要的影响因素，特别是自然条件，包含自然资源、气候等，也是影响农业发展的重要因素，同时不同地区的农业政策差异也是造成我国农业发展不均衡的原因。

（3）不同时间段内农业产业增长重心移动距离存在较大差异。从移动距离看，1995～2017年农业产业增长重心移动距离为154.179千米。分阶段来看，1995～2006年农业产业增长重心移动距离为66.780千米，2006～2017年中国农业产业增长重心移动距离为91.460千米。具体看，1995～2017年移动距离介于3.321～39.433千米，移动距离最近的为2007～2008年，最远的为2015～2016年，差异相对较大。

2. 农民收入重心空间位置、移动方向与距离

利用式（5-1）、式（5-2），测算了1995～2017年农民收入发展重心空间位置、移动方向与距离。如表5-12所示：

表5-12　中国农民收入重心空间位置、移动方向与距离

年份	纬度（度）	经度（度）	移动距离（千米）	移动方向	年份	纬度（度）	经度（度）	移动距离（千米）	移动方向
1995	33.910	113.940	—	—	2008	34.204	113.746	2.566	向西偏南
1996	33.966	113.992	8.554	向北偏东	2009	34.140	113.672	10.907	向西偏南
1997	33.919	113.878	13.691	向西偏南	2010	34.179	113.635	5.915	向北偏西
1998	34.030	113.809	14.500	向北偏西	2011	34.199	113.622	2.694	向北偏西
1999	33.939	113.767	11.175	向南偏西	2012	34.212	113.545	8.641	向西偏北
2000	33.944	113.694	8.129	向西偏北	2013	34.132	113.286	30.137	向西偏南
2001	34.003	113.755	9.405	向东偏北	2014	34.126	113.256	3.363	向西偏南
2002	34.070	113.765	7.551	向北偏东	2015	34.081	113.208	7.278	向西偏南
2003	34.130	113.759	6.726	向北偏西	2016	34.050	113.184	4.397	向南偏西
2004	34.171	113.833	9.431	向东偏北	2017	34.019	113.139	6.068	向西偏南
2005	34.180	113.844	1.617	向东偏北	1995～2017	—	—	89.871	向西偏北
2006	34.205	113.847	2.744	向北偏东	1995～2006	—	—	34.374	向北偏西
2007	34.205	113.769	8.677	向西偏南	2006～2017	—	—	81.402	向西偏南

根据表 5 - 12 计算结果，将 1995 ~ 2017 年农民收入重心变动轨迹作坐标图，以经度作为横坐标，以纬度作为纵坐标，变动轨迹如图 5 - 3 所示：

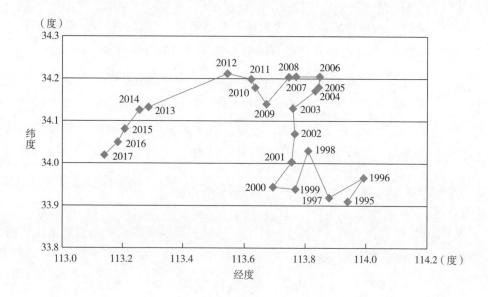

图 5 - 3　中国农民收入重心的迁移

不同阶段农民收入重心均发生移动，移动距离和移动方向存在差异（见表 5 - 12、图 5 - 3）。具体如下：

（1）不同时间内农民收入重心移动方向有所不同。从经度看，1995 ~ 2017 年农民收入重心整体呈现向西移动的特征。从纬度看，1995 ~ 2017 年农民收入重心整体呈现向北再向南移动的特征。具体看，农民收入重心在 1995 ~ 2012 年整体呈现向北移动的特征，2013 ~ 2017 年呈现向南移动的特征。伴随工业化、城镇化的快速发展，农村劳动力向城市转移，造成农村劳动力人口结构失衡，由于东西方向的经济发展存在差异，东部经济发达地区发展二、三产业为主，中西部地区农业政策的扶持，使得农民收入重心均表现为向西移动，而南北方向自然因素的不确定性，导致南北方向农业发展具有较强的波动性。

（2）不同时间内农民收入重心空间位置变化有所不同。农民收入重心由 1995 年位于东经 113.940°、北纬 33.910° 移动到 2017 年的东经 113.139°、北纬

34.019°，农民收入重心向西移动 0.801°，向北移动 0.109°。考察期内农民收入重心介于 33.9°～34.2°N、113.1°～114.0°E。由此看出，相对于整个中国经纬度（37.559°，104.114°），农民收入重心存在偏离，意味着农民收入存在不均衡现象。

（3）不同时间段内农民收入重心移动距离存在较大差异。从移动距离看，1995～2017 年农民收入重心移动距离为 89.871 千米。分阶段来看，1995～2006 年中国农民收入重心移动距离为 34.374 千米，2006～2017 年中国农民收入重心移动距离为 81.402 千米。具体看，1995～2017 年移动距离介于 1.617～30.137 千米，移动距离最近的为 2004～2005 年，最远的为 2012～2013 年，差异相对较大。

3. 重心变动轨迹比较

农业集聚重心、农业产业增长重心、农业收入重心的经纬度变化如图5－4、图5－5 所示：

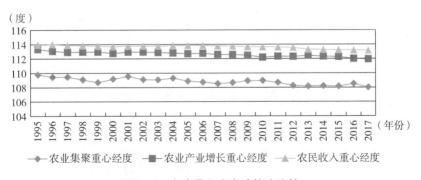

图 5－4　各变量经度变动轨迹比较

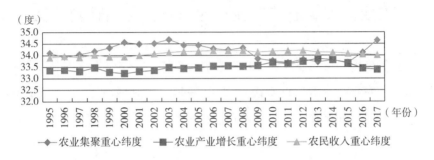

图 5－5　各变量纬度变动轨迹比较

从经度变动情况看，农业集聚与农业产业增长、农民收入经度轨迹呈现相似性，变动轨迹在 1995~2017 年基本呈现各自初始点向西递减。比较看，农业产业增长经度、农民收入经度高于农业集聚经度，意味着农业集聚重心明显比农业产业增长重心、农民收入重心更偏向低经度的西部地区。一定程度上说明农业集聚的重心移动推动农业发展重心的移动，农业发展受到农业集聚的影响，农业发展可能滞后于农业集聚重心的移动，由此看出农业集聚重心更偏向低经度的西方移动。

从纬度轨迹来看，农业集聚重心、农业产业增长重心、农民收入重心的变动方向、变动幅度均存在差异。考察期内农业集聚重心趋势从低纬度南方向北方移动，后又向南移动，再次向北移动，农业产业增长重心、农民收入重心整体呈现向南移动后向北移动再向南移动。比较看，1995~2008 年农业集聚纬度高于农业产业增长纬度、农民收入纬度，之后至 2015 年农业集聚纬度与农业产业增长纬度基本一致，2016~2017 年农业集聚纬度再次高于农业产业增长纬度，对于农民收入纬度 2009~2015 年高于农业集聚纬度，2016~2017 年略低于农业集聚纬度。

第三节　中国农业集聚重心与农业发展重心的耦合态势分析

一、农业集聚重心与农业产业增长重心的耦合态势

将农业集聚重心与农业产业增长重心进行比较，将农业集聚重心及各类农作物集聚重心、农业产业增长重心代入式（5-4），得到两者之间的空间重叠性，将农业集聚重心及各类农作物集聚重心、农业产业增长重心代入式（5-5），得到两者之间的空间一致性，如表 5-13~表 5-21 所示，并对空间耦合态势进行分析。

表 5 – 13　谷物集聚重心与农业产业增长重心的空间重叠性和变动一致性

年份	谷物与农业产业增长		年份	谷物与农业产业增长	
	空间重叠度	变动一致性		空间重叠度	变动一致性
1995	2.157	—	2007	1.395	- 0.997
1996	2.008	0.990	2008	1.335	- 0.518
1997	2.111	0.473	2009	1.264	- 0.723
1998	1.910	0.564	2010	1.124	- 0.592
1999	1.994	0.890	2011	1.353	0.390
2000	2.198	0.981	2012	1.323	0.931
2001	2.287	0.901	2013	1.342	0.870
2002	2.336	0.963	2014	1.365	0.788
2003	2.202	- 0.624	2015	1.607	- 0.978
2004	1.789	- 0.976	2016	1.958	- 0.978
2005	1.628	- 0.766	2017	2.221	- 0.986
2006	1.564	0.918	—	—	—

表 5 – 14　豆类集聚重心与农业产业增长重心的空间重叠性和变动一致性

年份	豆类与农业产业增长		年份	豆类与农业产业增长	
	空间重叠度	变动一致性		空间重叠度	变动一致性
1995	3.319	—	2007	3.107	0.782
1996	3.210	0.861	2008	3.740	- 0.688
1997	3.878	- 1.000	2009	3.599	0.684
1998	3.157	- 0.552	2010	3.922	- 0.637
1999	3.155	1.000	2011	3.206	- 0.356
2000	4.138	- 0.976	2012	2.318	- 0.468
2001	3.785	- 0.999	2013	1.728	- 0.912
2002	3.781	0.657	2014	1.963	- 0.917
2003	4.468	- 0.032	2015	1.913	0.982
2004	4.611	0.265	2016	3.234	- 0.996
2005	4.229	0.660	2017	3.966	- 0.573
2006	3.874	- 0.811	—	—	—

表 5－15　薯类集聚重心与农业产业增长重心的空间重叠性和变动一致性

年份	薯类与农业产业增长		年份	薯类与农业产业增长	
	空间重叠度	变动一致性		空间重叠度	变动一致性
1995	3.619	—	2007	4.321	0.986
1996	3.430	0.584	2008	4.641	-0.156
1997	2.743	-0.969	2009	4.436	-0.956
1998	2.861	0.732	2010	3.620	-0.658
1999	3.088	0.622	2011	3.951	-0.418
2000	2.822	-0.246	2012	3.727	-0.597
2001	3.550	-0.956	2013	4.241	-0.945
2002	3.659	0.575	2014	4.036	-0.718
2003	3.672	0.983	2015	3.956	0.822
2004	4.175	0.997	2016	3.571	-0.895
2005	4.027	-0.734	2017	4.058	0.398
2006	4.059	-0.732	—	—	—

表 5－16　棉花集聚重心与农业产业增长重心的空间重叠性和变动一致性

年份	棉花与农业产业增长		年份	棉花与农业产业增长	
	空间重叠度	变动一致性		空间重叠度	变动一致性
1995	12.490	—	2007	14.767	0.993
1996	12.793	0.999	2008	14.999	0.159
1997	14.040	0.742	2009	13.593	-1.000
1998	15.337	0.330	2010	13.082	-0.882
1999	17.622	-0.399	2011	13.435	-0.960
2000	16.866	-0.976	2012	15.854	0.513
2001	13.887	0.768	2013	17.057	-0.439
2002	14.252	0.404	2014	18.032	0.659
2003	14.125	0.583	2015	18.837	0.103
2004	12.471	-0.674	2016	19.955	0.429
2005	13.886	0.997	2017	22.222	0.565
2006	14.669	0.056	—	—	—

表 5 - 17 油料集聚重心与农业产业增长重心的空间重叠性和变动一致性

年份	油料与农业产业增长		年份	油料与农业产业增长	
	空间重叠度	变动一致性		空间重叠度	变动一致性
1995	4.204	—	2007	4.127	0.944
1996	3.748	-0.775	2008	4.345	-0.633
1997	3.880	0.748	2009	4.077	-0.911
1998	4.135	0.716	2010	3.444	-0.580
1999	4.446	-0.470	2011	3.705	-0.045
2000	3.383	-0.961	2012	3.580	0.023
2001	3.366	-0.089	2013	3.707	-0.634
2002	3.734	0.660	2014	3.752	0.990
2003	3.831	0.791	2015	3.808	0.823
2004	3.910	0.889	2016	3.317	-0.990
2005	3.829	0.652	2017	3.396	-0.169
2006	3.849	-0.889	—	—	—

表 5 - 18 糖料集聚重心与农业产业增长重心的空间重叠性和变动一致性

年份	糖料与农业产业增长		年份	糖料与农业产业增长	
	空间重叠度	变动一致性		空间重叠度	变动一致性
1995	5.00	—	2007	6.922	-0.289
1996	5.33	0.81	2008	6.647	-0.471
1997	5.57	1.00	2009	6.898	-0.381
1998	6.30	-0.73	2010	6.775	-0.838
1999	6.60	0.98	2011	6.735	0.704
2000	5.88	-0.96	2012	6.849	0.646
2001	6.39	-0.47	2013	7.273	-0.671
2002	6.07	-0.27	2014	7.378	0.896
2003	7.04	-0.53	2015	7.560	0.879
2004	6.90	-0.29	2016	7.265	0.468
2005	6.77	0.34	2017	7.052	-0.811
2006	7.48	-0.98	—	—	—

表 5 – 19 麻类集聚重心与农业产业增长重心的空间重叠性和变动一致性

年份	麻类与农业产业增长		年份	麻类与农业产业增长	
	空间重叠度	变动一致性		空间重叠度	变动一致性
1995	5.024	—	2007	4.912	0.446
1996	2.924	0.769	2008	4.076	0.020
1997	1.446	0.934	2009	2.855	− 0.356
1998	1.514	0.220	2010	3.966	0.557
1999	3.705	− 0.992	2011	5.700	− 0.937
2000	4.658	− 0.387	2012	6.519	0.786
2001	5.659	0.955	2013	5.255	0.370
2002	6.374	− 0.150	2014	3.924	− 0.983
2003	6.610	0.708	2015	3.390	0.227
2004	5.603	− 0.478	2016	2.896	− 0.998
2005	6.454	0.918	2017	7.017	− 0.993
2006	5.167	− 0.010	—	—	—

表 5 – 20 烟叶集聚重心与农业产业增长重心的空间重叠性和变动一致性

年份	烟叶与农业产业增长		年份	烟叶与农业产业增长	
	空间重叠度	变动一致性		空间重叠度	变动一致性
1995	7.430	—	2007	6.925	− 0.705
1996	6.798	− 0.736	2008	6.379	− 0.791
1997	6.114	− 0.922	2009	6.242	0.446
1998	6.073	− 0.152	2010	6.590	0.487
1999	6.001	0.981	2011	6.611	0.996
2000	5.602	− 0.884	2012	6.543	0.407
2001	6.038	− 0.610	2013	6.778	− 0.211
2002	6.594	− 0.971	2014	6.572	− 0.856
2003	6.521	0.821	2015	6.628	0.708
2004	6.433	− 0.153	2016	6.337	0.601
2005	6.514	0.683	2017	6.797	0.941
2006	6.981	− 0.872	—	—	—

表 5 – 21 蔬菜集聚重心与农业产业增长重心的空间重叠性和变动一致性

年份	蔬菜与农业产业增长		年份	蔬菜与农业产业增长	
	空间重叠度	变动一致性		空间重叠度	变动一致性
1995	0.903	—	2007	0.545	– 0.618
1996	1.079	– 0.884	2008	0.596	0.496
1997	0.979	0.759	2009	0.655	0.994
1998	0.679	– 0.698	2010	0.439	0.745
1999	1.156	– 0.998	2011	0.586	– 0.410
2000	1.400	– 0.642	2012	0.455	– 0.708
2001	1.111	– 0.773	2013	0.548	– 0.986
2002	0.987	– 0.713	2014	0.473	– 0.120
2003	0.885	0.658	2015	0.571	0.713
2004	0.824	0.975	2016	0.511	0.999
2005	0.728	0.717	2017	0.439	0.889
2006	0.590	– 0.943	—	—	—

表 5 – 13 ~ 表 5 – 21 为不同农作物集聚重心与农业产业增长重心的空间重叠性和变动一致性的变化，其特征如下：

1995 ~ 2017 年谷物集聚重心与农业产业增长重心空间距离整体呈现降低趋势，空间重叠性显著提高，两者的重心趋于集聚，对于变动一致性，1996 ~ 2002 年变动一致性大于 0，两者主要都向北移动，变动方向相同，除 2006 年外，2003 ~ 2010 年变动一致性小于 0，变动方向相反，2011 ~ 2014 年变动一致性大于 0，2015 ~ 2017 年变动一致性小于 0。

1995 ~ 2015 年豆类集聚重心与农业产业增长重心空间距离整体呈现降低趋势，空间重叠性显著提高，两者的重心趋于集聚，2016 ~ 2017 年呈上升趋势，空间重叠性降低，两者的重心趋于分散，对于变动一致性，1996 ~ 2017 年大多数年份变动一致性均大于 0，两者主要都向北移动，变动方向相同，仅个别年份为负值，变动方向相反。

对于薯类集聚重心与农业产业增长重心的空间重叠性，1995 ~ 2017 年空间距离呈现波动性变化，整体呈现先上升后下降再上升的趋势，空间重叠性表现为先下降后上升再下降，两者重心表现为分散到集聚再分散。对于变动一致性，除1997年、2000年、2001年外，1996~2004年变动一致性均大于0，除2007年、2015年、2017年外，2005~2017年变动一致性均小于0。

1995~2017年棉花集聚重心与农业产业增长重心的空间距离整体呈现上升趋势，由1995年的12.490千米上升到2017年的22.222千米，空间重叠性整体呈现下降趋势，意味着其重心趋于分散。对于变动一致性，1996~2017年变动一致性大多数年份大于0，意味着变动方向趋于一致。

从油料集聚重心与农业产业增长重心的空间重叠性看，1995~2017年两者的空间重叠性变化幅度不大，空间距离介于3.3~4.5千米，从变动一致性看，1996~2017年两者变动一致性既有正值也有负值。

1995~2017年糖料集聚重心与农业产业增长重心的空间重叠性变化幅度不大，空间距离介于5.0~7.6千米，从变动一致性看，1996~2017年两者变动一致性既有正值也有负值。

1995~2017年麻类集聚重心与农业产业增长重心的空间重叠性呈现波动性变动，1997年空间距离为1.446千米，2017年空间距离为7.017千米，对于变动一致性，1996~2017年变动一致性既有正值也有负值。

从烟叶集聚与农业产业增长的空间重叠性看，1995~2017年两者的空间重叠性变化幅度不大，空间距离介于6.0~7.5千米，从变动一致性看，1996~2017年的两者变动一致性既有正值也有负值。除1999年、2003年、2005年外，1996~2008年均为负值，除2013年、2014年外，2009~2017年均为正值。

从蔬菜集聚与农业产业增长的空间重叠性看，1995~2017年两者的空间重叠性变化幅度不大，空间距离介于0.43~1.50千米，意味着蔬菜集聚重心与农业产业增长重心的耦合性较高，从变动一致性看，1996~2017年的两者变动一致性既有正值也有负值。

表5-22为农业集聚重心与农业产业增长重心的空间重叠性和变动一致性，从农业集聚与农业产业增长的空间重叠性看，1995~2017年两者的空间重叠性变化幅度不大，空间距离介于3.5~4.4千米，从变动一致性看，1996~2017年

两者的变动一致性既有正值也有负值。

表5-22　农业集聚重心与农业产业增长重心的空间重叠性和变动一致性

年份	农业集聚与农业产业增长		年份	农业集聚与农业产业增长	
	空间重叠度	变动一致性		空间重叠度	变动一致性
1995	3.615	—	2007	4.116	0.929
1996	3.651	0.863	2008	3.992	-0.851
1997	3.527	-0.525	2009	3.566	-0.775
1998	3.932	0.107	2010	3.235	-0.699
1999	4.388	-0.428	2011	3.644	-0.734
2000	3.821	-0.978	2012	4.049	0.553
2001	3.576	0.815	2013	4.261	-0.994
2002	4.015	-0.041	2014	4.090	-0.904
2003	3.999	0.962	2015	4.101	0.987
2004	3.643	-0.226	2016	3.544	-0.981
2005	3.951	0.960	2017	4.110	0.123
2006	4.070	-0.973	—	—	—

为更好地分析不同农作物与农业产业增长重心之间的空间重叠性与变动一致性，如图5-6、图5-7所示：

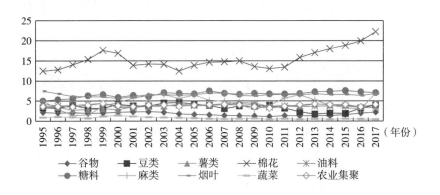

图5-6　各类农作物重心与农业产业增长重心的空间重叠性比较

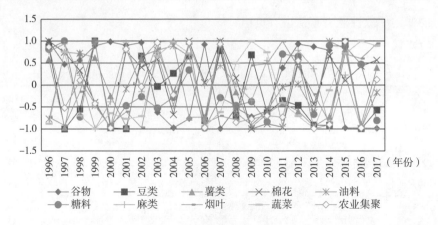

图5-7 各类农作物重心与农业产业增长重心的变动一致性比较

九类农作物相比，不同农作物集聚重心与农业产业增长重心空间重叠性存在较大不同，尤以棉花集聚重心移动最为突出，其余农作物的空间重叠性均介于0~10千米。各类农作物集聚重心与农业产业增长重心变动一致性存在明显不同，各类农作物变动一致性既有正值也有负值，部分农作物变动一致性正值多于负值，如谷物，部分农作物变动一致性负值多于正值，如蔬菜。

二、农业集聚重心与农民收入重心的耦合态势

将农业集聚重心与农民收入重心进行比较，将农业集聚重心及各类农作物集聚重心、农业产业增长、农民收入重心代入式（5-6），得到两者之间的空间重叠性，将农业集聚重心及各类农作物集聚重心、农民收入重心代入式（5-7），得到两者之间的空间一致性，如表5-23~表5-31所示，并对空间耦合态势进行分析。

表5-23~表5-31为不同农作物集聚重心与农民收入重心的空间重叠性和变动一致性，其呈现以下特征：

1995~2017年谷物集聚重心与农民收入重心空间距离整体呈现降低趋势，虽2016~2017年略有上升，但幅度不大，整体看空间重叠性提高，两者的重心

表5-23　谷物集聚重心与农民收入重心的空间重叠性和变动一致性

年份	谷物与农民收入		年份	谷物与农民收入	
	空间重叠度	变动一致性		空间重叠度	变动一致性
1995	2.595	—	2007	2.020	-0.978
1996	2.729	-0.512	2008	1.809	-0.994
1997	2.798	0.510	2009	1.701	-0.946
1998	2.504	-0.171	2010	1.576	-0.265
1999	2.532	1.000	2011	1.473	0.154
2000	2.981	0.869	2012	1.434	0.051
2001	2.940	0.993	2013	1.372	-0.541
2002	2.974	0.947	2014	1.340	0.594
2003	2.931	-0.330	2015	1.391	-0.967
2004	2.529	0.980	2016	1.405	-0.911
2005	2.409	0.962	2017	1.510	-0.978
2006	2.175	0.716	—	—	—

表5-24　豆类集聚重心与农民收入重心的空间重叠性和变动一致性

年份	豆类与农民收入		年份	豆类与农民收入	
	空间重叠度	变动一致性		空间重叠度	变动一致性
1995	3.211	—	2007	2.678	0.856
1996	3.414	-0.937	2008	2.846	-0.948
1997	3.199	-1.000	2009	2.827	0.963
1998	2.983	0.185	2010	3.004	-0.320
1999	2.866	0.897	2011	2.424	-0.190
2000	3.261	-0.858	2012	1.926	0.612
2001	3.053	-0.928	2013	1.574	0.618
2002	3.043	0.615	2014	1.488	-0.990
2003	3.571	0.301	2015	1.375	0.962
2004	3.610	-0.282	2016	2.135	-0.954
2005	3.286	-0.992	2017	2.927	-0.540
2006	3.078	-0.548	—	—	—

表5-25 薯类集聚重心与农民收入重心的空间重叠性和变动一致性

年份	薯类与农民收入		年份	薯类与农民收入	
	空间重叠度	变动一致性		空间重叠度	变动一致性
1995	4.370	—	2007	5.611	0.999
1996	4.479	0.263	2008	5.897	0.830
1997	3.829	-0.979	2009	5.709	-0.178
1998	3.831	1.000	2010	5.124	-0.346
1999	4.035	0.912	2011	5.325	-0.124
2000	3.863	0.071	2012	5.045	-0.977
2001	4.474	-0.809	2013	5.138	0.989
2002	4.583	0.529	2014	5.025	-0.878
2003	4.610	0.988	2015	4.972	0.475
2004	5.306	-0.998	2016	4.868	-0.970
2005	5.274	-0.150	2017	5.336	0.434
2006	5.280	-0.928	—	—	—

表5-26 棉花集聚重心与农民收入重心的空间重叠性和变动一致性

年份	棉花与农民收入		年份	棉花与农民收入	
	空间重叠度	变动一致性		空间重叠度	变动一致性
1995	12.880	—	2007	15.588	0.969
1996	13.471	-0.662	2008	15.800	0.963
1997	14.738	0.769	2009	14.452	-0.441
1998	15.947	0.895	2010	14.220	-0.992
1999	18.140	0.067	2011	14.396	0.963
2000	17.475	-0.995	2012	16.822	0.994
2001	14.373	0.517	2013	17.748	0.806
2002	14.737	0.354	2014	18.777	0.836
2003	14.665	0.819	2015	19.550	0.542
2004	13.103	0.687	2016	20.811	0.226
2005	14.645	-0.620	2017	23.095	0.597
2006	15.410	0.410	—	—	—

表 5 - 27 油料集聚重心与农民收入重心的空间重叠性和变动一致性

年份	油料与农民收入		年份	油料与农民收入	
	空间重叠度	变动一致性		空间重叠度	变动一致性
1995	4.810	—	2007	5.361	0.979
1996	4.689	-0.003	2008	5.510	0.436
1997	4.833	0.776	2009	5.285	-0.054
1998	4.961	1.000	2010	4.890	-0.250
1999	5.177	-0.011	2011	5.027	-0.488
2000	4.222	-0.999	2012	4.850	-0.901
2001	4.169	-0.409	2013	4.585	0.203
2002	4.491	0.618	2014	4.719	0.918
2003	4.650	0.543	2015	4.785	0.991
2004	4.935	-0.880	2016	4.512	-0.997
2005	4.955	0.262	2017	4.568	-0.130
2006	4.997	-0.994	—	—	—

表 5 - 28 糖料集聚重心与农民收入重心的空间重叠性和变动一致性

年份	糖料与农民收入		年份	糖料与农民收入	
	空间重叠度	变动一致性		空间重叠度	变动一致性
1995	5.750	—	2007	8.272	-0.411
1996	6.399	-0.964	2008	8.001	-0.998
1997	6.675	1.000	2009	8.202	0.645
1998	7.300	0.043	2010	8.203	-0.978
1999	7.605	0.958	2011	8.098	-0.225
2000	7.049	-0.999	2012	8.123	0.962
2001	7.419	-0.161	2013	8.100	0.251
2002	7.126	-0.214	2014	8.296	0.744
2003	8.130	-0.780	2015	8.521	0.568
2004	8.173	0.303	2016	8.547	0.268
2005	8.119	0.587	2017	8.354	-0.833
2006	8.777	-0.845	—	—	—

表5-29 麻类集聚重心与农民收入重心的空间重叠性和变动一致性

年份	麻类与农民收入		年份	麻类与农民收入	
	空间重叠度	变动一致性		空间重叠度	变动一致性
1995	4.228	—	2007	5.514	0.558
1996	2.155	-0.981	2008	4.607	-0.899
1997	1.419	0.918	2009	4.138	0.665
1998	1.644	0.838	2010	5.489	0.224
1999	3.248	-0.940	2011	7.084	0.613
2000	4.057	-0.077	2012	7.802	0.888
2001	4.894	0.999	2013	6.151	-0.759
2002	6.335	-0.204	2014	4.892	-0.897
2003	6.697	0.434	2015	4.391	-0.239
2004	5.651	0.493	2016	2.110	-0.962
2005	6.882	-0.843	2017	5.828	-0.988
2006	5.553	-0.368	—	—	—

表5-30 烟叶集聚重心与农民收入重心的空间重叠性和变动一致性

年份	烟叶与农民收入		年份	烟叶与农民收入	
	空间重叠度	变动一致性		空间重叠度	变动一致性
1995	8.255	—	2007	8.221	-0.607
1996	7.899	0.989	2008	7.678	-0.887
1997	7.253	-0.904	2009	7.486	-0.589
1998	7.090	-0.798	2010	7.926	0.143
1999	7.042	0.782	2011	7.906	-0.797
2000	6.791	-0.691	2012	7.733	-0.664
2001	7.114	-0.835	2013	7.540	-0.267
2002	7.686	-0.982	2014	7.414	-0.963
2003	7.609	0.964	2015	7.548	0.951
2004	7.696	0.170	2016	7.560	0.758
2005	7.840	-0.988	2017	8.042	0.927
2006	8.252	-0.638	—	—	—

表 5-31 蔬菜集聚重心与农民收入重心的空间重叠性和变动一致性

年份	蔬菜与农民收入		年份	蔬菜与农民收入	
	空间重叠度	变动一致性		空间重叠度	变动一致性
1995	0.732	—	2007	1.276	-0.715
1996	0.620	0.920	2008	1.406	0.996
1997	0.516	0.731	2009	1.524	0.556
1998	0.526	-0.002	2010	1.680	0.457
1999	0.694	-0.855	2011	1.775	-0.132
2000	0.689	-0.368	2012	1.658	-0.936
2001	0.639	-0.937	2013	1.414	0.798
2002	0.648	-0.750	2014	1.392	0.149
2003	0.741	0.371	2015	1.470	0.953
2004	1.092	-0.979	2016	1.550	0.983
2005	1.240	-0.979	2017	1.673	0.870
2006	1.401	-0.761	—	—	—

趋于集聚，对于变动一致性，除 1996 年、1998 年、2003 年外，1996~2006 年变动一致性大于 0，两者主要都向北移动，变动方向相同，除 2011 年、2012 年、2014 年外，2007~2017 年变动一致性小于 0，变动方向相反。

1995~2017 年豆类集聚重心与农民收入重心的空间距离整体呈现先下降后上升的趋势，意味着空间重叠性先上升后下降，两者的重心由集聚到分散，对于变动一致性，1996~2017 年两者的变动一致性既有正值也有负值。

对于薯类集聚重心与农民收入重心的空间重叠性，1995~2017 年空间距离呈现波动性变化，整体呈现先下降后上升再下降的趋势，空间重叠性表现为先上升后下降再上升，两者重心表现为集聚到分散再集聚。对于变动一致性，除 1997 年、2001 年外，1996~2003 年变动一致性大于 0，意味着变动方向相同，除 2007 年、2008 年、2013 年、2015 年、2017 年外，2004~2017 年变动一致性均小于 0，意味着变动方向相反。

1995~2017 年棉花集聚重心与农民收入重心的空间距离整体呈现上升趋势，由 1995 年的 12.880 千米上升到 2017 年的 23.095 千米，空间重叠性整体呈现下降趋势, 意味着其重心趋于分散。对于变动一致性, 1996 ~ 2017 年变动一致性大多数年份大于 0, 意味着变动方向趋于一致。

从油料集聚重心与农民收入重心的空间重叠性看, 1995 ~ 2017 年两者的空间重叠性变化幅度不大, 空间距离介于 4.1 ~ 5.6 千米。从变动一致性看, 1996 ~ 2017 年两者变动一致性既有正值也有负值。

1995 ~ 2017 年糖料集聚重心与农民收入重心的空间距离整体呈现上升趋势, 空间重叠性将增强, 两者的重心趋于集聚。从变动一致性看, 1996 ~ 2017 年两者变动一致性既有正值也有负值。

1995 ~ 2017 年麻类集聚重心与农民收入重心空间重叠性呈现波动性变动, 1997 年空间距离为 1.419 千米, 2012 年空间距离为 7.802 千米。对于变动一致性, 1996 ~ 2017 年变动一致性既有正值也有负值。

从烟叶集聚重心与农民收入重心的空间重叠性看, 1995 ~ 2017 年两者的空间重叠性变化幅度不大, 空间距离介于 6.7 ~ 8.3 千米。从变动一致性看, 1996 ~ 2017 年大多数年份为负值, 除 1996 年、1999 年、2003 年、2004 年、2010 年外, 1996 ~ 2014 年均为负值, 2015 ~ 2017 年均为正值。

从蔬菜集聚重心与农民收入重心的空间重叠性看, 1995 ~ 2017 年两者的空间距离呈现波动性上升趋势, 意味着空间重叠性呈现波动性减低。从变动一致性看, 1996 年、1997 年变动一致性为正, 除 2003 年外, 1998 ~ 2007 年均为负值, 除 2011 年、2012 年外, 2008 ~ 2017 年变动一致性均为正值。

表 5 - 32 为农业集聚重心与农民收入重心的空间重叠性和变动一致性, 从农业集聚重心与农民收入重心的空间重叠性看, 1995 ~ 2017 年两者的空间重叠性变化幅度不大, 空间距离介于 4.0 ~ 5.4 千米。从变动一致性看, 1996 ~ 2017 年两者的变动一致性既有正值也有负值。

表 5 – 32　农业集聚重心与农民收入重心的空间重叠性和变动一致性

年份	农业集聚与农民收入		年份	农业集聚与农民收入	
	空间重叠度	变动一致性		空间重叠度	变动一致性
1995	4.163	—	1996	4.537	− 0.936

续表

年份	农业集聚与农民收入		年份	农业集聚与农民收入	
	空间重叠度	变动一致性		空间重叠度	变动一致性
1997	4.411	-0.489	2008	5.083	-0.834
1998	4.727	0.769	2009	4.756	0.205
1999	5.079	0.036	2010	4.698	-0.908
2000	4.565	-0.863	2011	4.965	0.265
2001	4.224	0.582	2012	5.305	0.987
2002	4.692	-0.095	2013	5.132	0.829
2003	4.726	0.998	2014	5.038	-0.757
2004	4.545	0.243	2015	5.055	0.954
2005	4.973	-0.771	2016	4.663	-1.000
2006	5.104	-0.825	2017	5.157	0.163
2007	5.240	0.969	—	—	—

为更好地分析不同农作物集聚重心与农民收入重心之间的空间重叠性与变动一致性，如图5-8、图5-9所示。

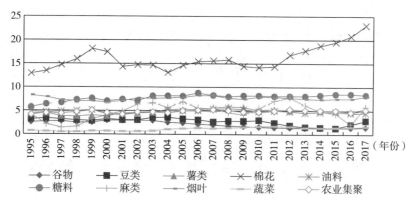

图5-8 各类农作物集聚重心与农民收入重心的空间重叠性比较

九类农作物相比，不同农作物集聚重心与农民收入重心空间重叠性存在较大不同，尤以棉花集聚重心移动最为突出，其余农作物的空间重叠性均介于0～10

千米。各类农作物集聚重心与农民收入重心变动一致性存在明显不同，各类农作物变动一致性既有正值也有负值，部分农作物变动一致性正值多于负值，如棉花、油料，部分农作物变动一致性负值多于正值，如烟叶。

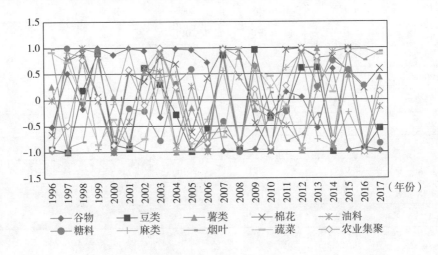

图 5 – 9　各类农作物集聚重心与农民收入重心的变动一致性比较

第四节　中国农业集聚重心与农业发展重心的相关性分析

一、中国农业集聚重心与农业产业增长重心的相关性分析

1. 单位根检验

为了验证农业集聚重心与农业发展重心之间的耦合相关性，本节首先对各变量进行单位根检验，判断各变量之间的稳定性，结果如表 5 – 33 所示。表 5 – 33

显示，变量 X_1、X_2、Y_1、Y_2 均为非平稳变量，将各变量进行一阶差分后，相关变量 ΔX_1、ΔX_2、ΔY_1、ΔY_2 均变为平稳变量，在1%的显著水平上平稳，同时也是一阶单整变量。其中 X_1、X_2 分别为农业集聚的纬度、经度，Y_1、Y_2 分别为农业产业增长的纬度、经度。

表5-33　单位根检验

变量	ADF检验	检验类型	滞后阶数	显著水平
X_1	-1.193	含线性趋势项和常数项	0	5%（-3.005）
ΔX_1	-3.115***	含线性趋势项和常数项	0	1%（-3.012）
X_2	-1.704	含线性趋势项和常数项	0	5%（-3.005）
ΔX_2	-4.663***	含线性趋势项和常数项	1	1%（-3.809）
Y_1	-1.540	含线性趋势项和常数项	1	5%（-3.012）
ΔY_1	-4.151***	含线性趋势项和常数项	0	1%（-3.788）
Y_2	-0.880	含线性趋势项和常数项	1	5%（-3.005）
ΔY_2	-5.684***	含线性趋势项和常数项	0	1%（-3.788）

注：***表示在1%的显著水平上拒绝有单位根的零假设。

2. 格兰杰因果检验

通过协整检验，变量间并不存在长期稳定的协整关系，因此需要对农业集聚与农业发展进行格兰杰（Granger）因果关系检验，以展开对其之间关系的进一步分析。所得结果如表5-34所示：

表5-34　农业集聚与农业产业增长 Granger 因果检验

零假设	观察值	F统计量	概率
ΔY_1 does not Granger Cause ΔX_1	20	0.25383	0.7789
ΔX_1 does not Granger Cause ΔY_1	—	3.46215	0.0563
ΔY_2 does not Granger Cause ΔX_2	20	1.16706	0.3364
ΔX_2 does not Granger Cause ΔY_2	—	8.59327	0.0029

表 5 - 34 所示，在 10% 的显著水平下农业集聚纬度是农业产业增长纬度的 Granger 原因，但农业产业增长纬度并不是农业集聚纬度的 Granger 原因，同时在 10% 的显著水平下农业集聚经度是农业产业增长经度的 Granger 原因，但农业产业增长经度并不是农业集聚经度的 Granger 原因，为进一步验证结果的可靠性，对各指标进行脉冲响应和方差分解。

3. 脉冲响应函数和方差分解

虽然 Granger 因果关系并未验证农业集聚经纬度与农业产业增长变化的原因，但为更准确地说明他们之间是否存在相互的关系，本部分进一步对其之间的关系进行自回归（VAR）和冲击效应分析，进一步探索四者之间可能存在的关系。为防止 VAR 模型因变量顺序变化给冲击反应函数带来的敏感性，分别检验农业集聚经纬度与农业产业增长之间的冲击反应，避免农业集聚经纬度之间的正交化。

图 5 - 10 显示样本期 1995 ~ 2017 年农业集聚纬度与农业产业增长纬度对相关单一冲击的标准差的动态反应。表 5 - 35 为样本期 1995 ~ 2017 年 ΔY_1 与 ΔX_1

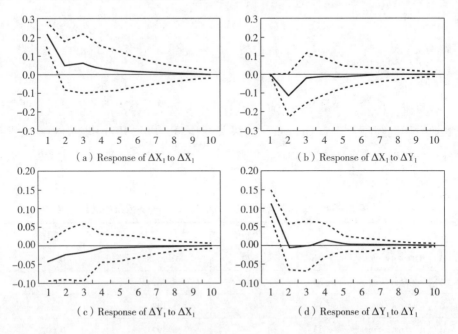

图 5 - 10　农业集聚纬度对农业产业增长纬度的脉冲响应

表 5 - 35　ΔX_1 与 ΔY_1 的方差分解结果

Period	ΔX_1			ΔY_1		
	S. E.	ΔX_1	ΔY_1	S. E.	ΔX_1	ΔY_1
1	0.216310	100.0000	0.000000	0.120405	12.44808	87.55192
2	0.248426	79.48907	20.51093	0.123040	16.06297	83.93703
3	0.256646	80.18014	19.81986	0.124488	17.93186	82.06814
4	0.258696	80.32600	19.67400	0.125453	18.01206	81.98794
5	0.259897	80.14137	19.85863	0.125655	18.21074	81.78926
6	0.260285	80.11857	19.88143	0.125717	18.28794	81.71206
7	0.260424	80.12212	19.87788	0.125750	18.30848	81.69152
8	0.260482	80.11762	19.88238	0.125761	18.31773	81.68227
9	0.260505	80.11626	19.88374	0.125765	18.32182	81.67818
10	0.260513	80.11612	19.88388	0.125767	18.32318	81.67682

的方差分解。从中可以发现：农业产业增长的正向冲击有利于自身的改善，根据 ΔX_1 与 ΔY_1 的 VAR 模型进行方差分解，农业集聚纬度对农业产业增长影响最大可占农业产业增长预测误差的 18.32%；根据 ΔY_1 与 ΔX_1 的 VAR 模型进行方差分解，农业产业增长对农业集聚纬度的影响最大可占农业集聚纬度预测误差的 19.88%，农业集聚纬度的正向冲击有利于自身改善。

图 5 - 11 显示样本期 1995 ~ 2017 年农业集聚经度对农业产业增长经度的相关单一冲击标准差的动态反应。表 5 - 36 为样本期 1995 ~ 2017 年 ΔY_2 与 ΔX_2 的方差分解。从中可以发现：农业产业增长的正向冲击有利于自身的改善，根据 ΔX_2 与 ΔY_2 的 VAR 模型进行方差分解，农业集聚经度对农业产业增长影响最大可占农业产业增长预测误差的 10.12%；根据 ΔY_2 与 ΔX_2 的 VAR 模型进行方差分解，农业产业增长对农业集聚经度的影响最大可占农业集聚经度预测误差的 16.86%，农业集聚经度的正向冲击有利于自身改善。

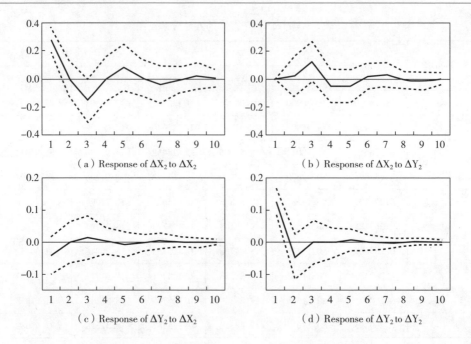

（a）Response of ΔX_2 to ΔX_2 （b）Response of ΔX_2 to ΔY_2

（c）Response of ΔY_2 to ΔX_2 （d）Response of ΔY_2 to ΔY_2

图 5－11 农业集聚经度对农业产业增长经度的脉冲响应

表 5－36 ΔX_2 与 ΔY_2 的方差分解结果

Period	ΔX_2			ΔY_2		
	S. E.	ΔX_2	ΔY_2	S. E.	ΔX_2	ΔY_2
1	0. 281967	100. 0000	0. 000000	0. 132810	9. 811093	90. 18891
2	0. 282634	99. 53213	0. 467867	0. 140488	8. 784561	91. 21544
3	0. 346828	86. 81188	13. 18812	0. 141167	9. 659147	90. 34085
4	0. 350724	84. 91320	15. 08680	0. 141249	9. 759532	90. 24047
5	0. 363339	83. 84706	16. 15294	0. 141632	9. 998735	90. 00126
6	0. 363956	83. 61056	16. 38944	0. 141660	10. 03095	89. 96905
7	0. 367325	83. 28139	16. 71861	0. 141747	10. 08728	89. 91272
8	0. 367481	83. 24280	16. 75720	0. 141756	10. 09913	89. 90087
9	0. 368362	83. 14684	16. 85316	0. 141778	10. 11226	89. 88774
10	0. 368407	83. 14263	16. 85737	0. 141781	10. 11629	89. 88371

二、中国农业集聚重心与农民收入重心的相关性分析

1. 单位根检验

本部分利用 EViews 7.2 软件，对各变量进行单位根检验，以确定变量的平稳性，结果如表 5-37 所示。表 5-37 显示，变量 X_1、X_2、M_1、M_2 均为非平稳变量，将各变量进行一阶差分后，相关变量 ΔX_1、ΔX_2、ΔM_1、ΔM_2 均变为平稳变量，变量均在 1% 显著水平上平稳，同时也是一阶单整变量。

表 5-37　单位根检验

变量	ADF 检验	检验类型	滞后阶数	显著水平
X_1	-1.193	含线性趋势项和常数项	0	5%（-3.005）
ΔX_1	-3.115***	含线性趋势项和常数项	0	1%（-3.012）
X_2	-1.704	含线性趋势项和常数项	0	5%（-3.005）
ΔX_2	-4.663***	含线性趋势项和常数项	1	1%（-3.809）
M_1	-1.368	含线性趋势项和常数项	0	5%（-3.012）
ΔM_1	-5.001***	含线性趋势项和常数项	0	1%（-3.788）
M_2	-0.557	含线性趋势项和常数项	1	5%（-3.005）
ΔM_2	-4.018***	含线性趋势项和常数项	0	1%（-3.012）

注：***表示在 1% 的显著水平上拒绝有单位根的零假设。

2. 格兰杰因果检验

由于变量间并不存在协整关系，对农业集聚经纬度与农民收入经纬度进行 Granger 因果关系检验，以展开对其之间关系的进一步分析。所得结果如表 5-38 所示：

表 5-38　农业集聚与农民收入的 Granger 因果检验

零假设	观察值	F 统计量	概率
ΔM_1 does not Granger Cause ΔX_1	20	2.37935	0.1246
ΔX_1 does not Granger Cause ΔM_1	—	3.41275	0.0583
ΔM_2 does not Granger Cause ΔX_2	20	1.28164	0.3046
ΔX_2 does not Granger Cause ΔM_2	—	2.86859	0.0862

如表 5 - 38 所示，在 10% 的显著水平下农业集聚纬度是农民收入纬度的 Granger 原因，但农民收入纬度并不是农业集聚纬度的 Granger 原因，同时在 10% 的显著水平下农业集聚经度是农民收入经度的 Granger 原因，但农民收入经度并不是农业集聚经度的 Granger 原因，为进一步验证结果的可靠性，对各指标进行脉冲响应和方差分解。

3. 脉冲响应函数和方差分解

虽然 Granger 因果关系并未验证农业集聚经纬度与农民收入经纬度变化的原因，但为更准确地说明他们之间是否存在相互的关系，本部分进一步对其之间的关系进行自回归（VAR）和冲击效应分析，进一步探索四者之间可能存在的关系。为防止 VAR 模型因变量顺序变化给冲击反应函数带来的敏感性，分别检验农业集聚经纬度与农民收入经纬度之间的冲击反应，避免农业集聚经纬度之间的正交化。

图 5 - 12 显示样本期 1995 ~ 2017 年农业集聚纬度与农民收入纬度对相关单一冲击的标准差的动态反应。表 5 - 39 为样本期 1995 ~ 2017 年 ΔM_1 与 ΔX_1 的方

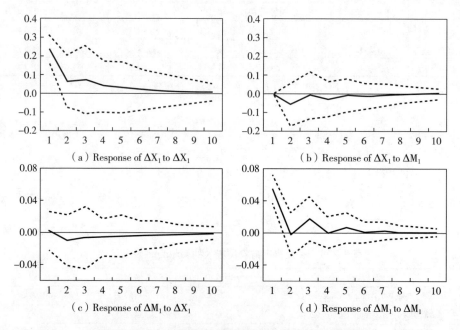

图 5 - 12　农业集聚纬度对农民收入纬度的脉冲响应

差分解。从中可以发现：农民收入增长的正向冲击有利于自身的改善，根据 ΔX_1 与 ΔM_1 的 VAR 模型进行方差分解，农业集聚纬度对农民收入影响最大可占农民收入预测误差的 6.01%；根据 ΔM_1 与 ΔX_1 的 VAR 模型进行方差分解，农民收入对农业集聚纬度的影响最大可占农业集聚纬度预测误差的 6.82%，农业集聚纬度的正向冲击有利于自身改善。

表 5 – 39　ΔX_1 与 ΔM_1 的方差分解结果

Period	ΔX_1			ΔM_1		
	S. E.	ΔX_1	ΔM_1	S. E.	ΔX_1	ΔM_1
1	0.236722	100.0000	0.000000	0.054601	0.064207	99.93579
2	0.251646	94.63650	5.363504	0.055438	2.968947	97.03105
3	0.261702	94.90248	5.097523	0.058440	3.805185	96.19481
4	0.266227	93.61005	6.389954	0.058792	4.947534	95.05247
5	0.268037	93.56568	6.434318	0.059280	5.394386	94.60561
6	0.269137	93.29706	6.702943	0.059390	5.720606	94.27939
7	0.269579	93.26213	6.737872	0.059490	5.862069	94.13793
8	0.269844	93.20506	6.794936	0.059521	5.947359	94.05264
9	0.269959	93.19198	6.808017	0.059544	5.986547	94.01345
10	0.270024	93.17926	6.820743	0.059552	6.008303	93.99170

图 5 – 13 显示样本期 1995～2017 年农业集聚经度与农民收入经度对相关单一冲击的标准差的动态反应。表 5 – 40 为样本期 1995～2017 年 ΔM_2 与 ΔX_2 的方差分解。从中可以发现：农民收入增长的正向冲击有利于自身的改善，根据 ΔX_2 与 ΔM_2 的 VAR 模型进行方差分解，农业集聚经度对农民收入影响最大可占农民收入预测误差的 32.42%；根据 ΔM_2 与 ΔX_2 的 VAR 模型进行方差分解，农民收入对农业集聚经度的影响最大可占农业集聚经度预测误差的 0.59%，农业集聚经度的正向冲击有利于自身改善。

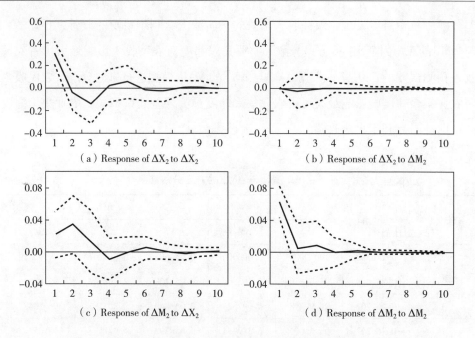

（a）Response of ΔX_2 to ΔX_2 （b）Response of ΔX_2 to ΔM_2

（c）Response of ΔM_2 to ΔX_2 （d）Response of ΔM_2 to ΔM_2

图 5 - 13 农业集聚经度对农民收入经度的脉冲响应

表 5 - 40 ΔX_2 与 ΔM_2 的方差分解结果

Period	ΔX_2			ΔM_2		
	S. E.	ΔX_2	ΔM_2	S. E.	ΔX_2	ΔM_2
1	0. 311810	100. 0000	0. 000000	0. 066137	10. 77444	89. 22556
2	0. 314998	99. 36918	0. 630817	0. 074638	29. 55776	70. 44224
3	0. 344626	99. 44461	0. 555386	0. 076036	31. 04265	68. 95735
4	0. 345251	99. 40430	0. 595699	0. 076607	32. 06598	67. 93402
5	0. 350042	99. 41974	0. 580258	0. 076637	32. 06221	67. 93779
6	0. 350261	99. 40922	0. 590779	0. 076806	32. 35673	67. 64327
7	0. 351109	99. 41193	0. 588074	0. 076810	32. 36403	67. 63597
8	0. 351167	99. 41025	0. 589746	0. 076837	32. 41200	67. 58800
9	0. 351313	99. 41074	0. 589262	0. 076837	32. 41216	67. 58784
10	0. 351328	99. 41043	0. 589575	0. 076843	32. 42170	67. 57830

第五节　本章结论与政策建议

一、本章结论

本章利用1995～2017年相关农业产业统计数据，运用重心分析方法、耦合性分析模型、相关性分析模型，考察1995～2017年中国农业集聚重心及九类农作物集聚变化趋势及变化特征，考察农业发展重心，包含农业产业增长重心和农民收入重心的变化趋势及特征，并运用耦合模型分析中国农业集聚重心与农业产业增长重心、农民收入重心之间的空间重叠性和变动一致性，最后运用相关性模型分析中国农业集聚重心与农业发展重心的相关性。所得结论如下：

其一，从整体看，中国农业具有显著的集聚特征，不同农作物的集聚重心存在显著差异。从农业空间分布的变动来看，1995年以来中国农业空间分布整体呈现西进偏北的趋势，1995～2008年、2009～2017年亦是如此。农业集聚的发展，使得中国从事农业的人口减少，促使中国农业人口向城镇转移。机械化生产的应用，提高农业生产效率，作为农产品主产区的中西部地区，农业集聚提高农产品的竞争优势。从农业集聚空间分布区域来看，大部分农作物呈现向西偏南特征，但谷物的表现有所不同。具体表现为谷物呈现向东偏北的特征，棉花表现为向西偏北，麻类表现为向东偏南，烟叶、水果表现为向南偏东；薯类、油料、糖料表现为向西偏南，茶叶表现为向南偏西特征。从农业属性的区域分布来看，谷物等粮食作物主要集中在东北地区，油料等经济作物主要集中在西南地区。农业是自然禀赋依赖很强的产业，农业的发展受到自然环境、自然条件的限制，不同农作物对环境的适应性不同，农作物的分布有所不同。

其二，中国农业发展存在不均衡现象，不同阶段重心移动不同。中国农业产业增长移动方向呈现向西偏北的趋势，以向西移动为主，与1995年相比，2017

年向西偏北移动 154.179 千米，分阶段看，不同年份中国农业产业增长重心的移动方向、移动距离并不一致，1995~2006 年向西偏北移动 66.789 千米，2006~2017 年向西偏南移动 91.460 千米。中国农民收入移动方向呈现向西偏北的趋势，以向西移动为主，与 1995 年相比，2017 年向西偏北移动 89.871 千米，分阶段看，不同年份中国农民收入重心的移动方向、移动距离并不一致，1995~2006 年向北偏西移动 34.374 千米，2006~2017 年向西偏南移动 81.402 千米。

其三，农业集聚与农业发展的空间重叠性和变动一致性并不完全一致。从农业集聚与农业产业增长的空间重叠性看，1995~2017 年两者的空间重叠性变化幅度不大，空间距离介于 3.5~4.4 千米，从变动一致性看，1996~2017 年两者的变动一致性既有正值也有负值。从农业集聚与农民收入重心的空间重叠性看，1995~2017 年两者的空间重叠性变化幅度不大，空间距离介于 4.0~5.4 千米。从变动一致性看，1996~2017 年两者的变动一致性既有正值也有负值。从不同农作物看，不同农作物重心与农业发展的空间重叠性和变动一致性存在明显的差异。

其四，格兰杰因果关系得出，在 10% 的显著水平下农业集聚纬度是农业发展纬度的 Granger 原因，但农业发展纬度并不是农业集聚纬度的 Granger 原因，同时在 10% 的显著水平下农业集聚经度是农业发展经度的 Granger 原因，但农业发展经度并不是农业集聚经度的 Granger 原因。从脉冲效应函数和方差分解结果看出，农业发展的正向冲击有利于自身的改善，根据 VAR 模型进行方差分解，农业集聚经纬度对农业产业增长影响最大可占农业产业增长预测误差分别为 10.12%、18.32%，农业产业增长对农业集聚经纬度的影响最大可占农业集聚经纬度预测误差分别为 16.86%、19.88%；农业集聚经纬度对农民收入影响最大可占农民收入预测误差分别为 32.42%、6.01%；农民收入对农业集聚经纬度的影响最大可占农业集聚经纬度预测误差分别为 0.60%、6.82%。

二、本章政策建议

其一，不同地区农业集聚重心有所不同，因此不同地区对农业的发展应有所侧重。农业集聚的发展，使得中国从事农业的人口减少，促使中国农业人口向城镇转移。机械化生产的应用，提高农业生产效率，作为农产品主产区的中西部地区，农业集聚提高农产品的竞争优势。中国农业集聚的重心主要在于中西部地区，因此应注重中西部地区的农业发展，中西部地区也应有所侧重。中国的农业大省主要集中在中部地区，西部地区主要是特色产业。

其二，不同种类农作物重心有所不同，因此不同地区应发展不同的农业。农业是自然禀赋较强的产业，因此受自然因素、环境因素、种植传统的影响较强，不同地区农作物种类有所不同，根据农作物的生长环境等因素种植符合地区特色的农作物。

其三，农业集聚重心与农业发展重心具有一定的一致性。通过改变农业发展方式，促进农业产业增长，提高农民收入。这就要求需要完善农产品市场机制，加强农产品市场管理，确保农产品在生产、销售等各环节不受阻碍。

第六章
供给侧背景下农业集聚的发展效应分析

近年来，中央一号文件持续关注"三农"问题，农业产业结构优化是其重要方面，特别是农业供给侧结构性改革提出，更要求优化农业资源配置，扩大农产品有效供给，增强农业结构的灵活性、适应性。与其他产业相比，农业发展相对缓慢，主要表现在科技创新能力较低、资金投入较少，没有形成适度规模经营，导致规模效应、集聚效应不明显，同时农产品市场的不健全，使得农产品不能很好地流动。农业供给侧结构性改革一定程度上则能弥补农业发展方面的不足，农业供给侧结构性改革不简单等同于农业结构性调整，还包含农业生产方式的转变、农业经营方式的转变、农业要素流动等。通过转变农业生产方式、经营方式，强调绿色、标准、品牌、科技，提高农业科技创新能力；通过优化生产结构、产品结构、产业结构，提高三产融合水平；通过唤醒、激活新要素，形成新动能。农业集聚一定程度上能够调整产业结构、转变生产方式、激活生产要素，同时农业集聚的高效率、专业化、规模化等特征，成为未来农业发展的一个必然方向，有利于农业供给侧结构性改革的推进。基于此，本章在供给侧结构性改革背景下，将围绕农业集聚的发展效应进行深入研究。

针对农业产业集聚对农业发展的研究主要存在两种观点：一是大多数研究认为农业产业集聚对经济发展产生正向影响（Geooert et al.，2008；罗能生等，2009）；农业产业集聚能够提高区域竞争力，形成集聚效应（Zepponi et al.，2007；郑风田等、2005），因集聚经济的存在，使得生产要素供给数量增加，同时集聚经济的外部性导致技术溢出，促进新技术扩散，激发学习效应，促进农业经济增长（李博伟、徐翔，2018）。通过种植区域化、生产专业化、品种优良化，创建农业优势产业带形成市场特色和品牌，提高农业竞争力、促进农业增效和农民增收，产生农业产业集聚的创造就业效应（尹成杰，2006；贾兴梅、李平，2014）。集聚与劳动生产率间的正向相互作用，促使两者表现为上升趋势，两者共同促进经济增长，产生较强增长效应（薛虎、朱礼才，2019；Xu et al.，2021；徐晓丹、支大林，2011），但农业集聚对全要素生产率的影响具有明显的门槛效应，随着集聚水平提高，出现梯度递减（陈培荣、卢茗轩，2020）。二是部分研究认为产业集聚达到一定程度后，对农业发展并非产生正向影响，由于拥塞效应的存在，使得集聚对农业发展可能产生负向效应（Brulhart et al.，2008；张云飞，2014）。农业产业集聚的贡献不是通过某年集聚度的大小反映，而是通过集聚程度的变化，导致某些地区的集聚效应尚未发挥，增长的贡献并不显著（王艳荣、刘业政，2012）。也有一些学者不再考虑其对经济增长的贡献，而是从农民收入、农民就业角度出发，考察农业集聚对其的影响。如张哲晰和穆月英（2018）利用空间 Durbin 模型、两部制模型、地理加权回归模型等，从空间时空进行考察，认为产业集聚引起的外部性有助于农民收入的提高，产业集聚的空间溢出效应对收入有显著影响，但农业集聚对农民收入存在门槛效应，当集聚程度低时，对农民收入的影响较低，当集聚度提高时，显著促进农民收入增加。

综上，有关研究仍存在些许不足，在研究内容上，针对农业集聚的研究主要集中在农业集聚形成机理、经济效应及政府对农业集聚调控的影响等，对农业集聚的某些特征也主要是一些直观描述。在研究方法上，所运用模型未充分考虑变量间的相互关系，解释变量对被解释变量主要从线性关系出发，对于非线性考虑较少，这就导致大量信息未充分融入模型中，因此需要更为系统的模型进行分析。鉴于此，本章在农业供给侧结构性改革背景下，分析农业集聚与农业发展的关系，揭示供给侧结构性改革背景下农业集聚的异质性，通过建立计量模型分析在农业供给侧结构性改革背景下，农业集聚对农业发展的影响，探讨驱动机制、实现路径，为农业供给侧结构性改革提供方向、实证支持与政策建议。

第一节　理论分析与研究假设

马歇尔外部性理论表明，产生外部性的原因主要是地理集中生产能够促进专业化发展，形成一个高度专业化的劳动力市场，即劳动力池，同时有助于信息技术等在厂商间的交流，即知识外溢。由于地理集聚形成的外部性，使得规模经济和范围经济得以发挥作用，集聚成为劳动生产率提升的关键因素（杜建军等，2020）。

在农业生产中，农业是高度依赖土地资源和劳动力资源的自然资源禀赋较强的产业，通过充分利用资源禀赋优势，使得农业生产向优势区域集聚（赵丹丹、周宏，2020）。这一集聚提高农业生产效率，优化产业结构，随着工业化进程的不断推进，农业现代化得以发展，劳动力生产逐步被机械化生产所取代，农业生产规模化、专业化、区域化成为农业发展的重要趋势，农业区域化布局明显。以产业集聚为基本动力，发挥规模经济效应，实现资源集约化；推动技术创新，实现专业化生产；形成区域品牌，提高产品市场竞争力，是增强本地经济发展的重要引擎，而通过示范与溢出效应成为新时期带动周边农区发展的重要增长极，促进农业发展（薛蕾等，2020；储霞玲等，2020；郑士伟等，2018）。

农业集聚的拥塞效应将抑制农业发展，因此农业集聚对产业发展的影响存在不确定性，存在规模经济问题。农业集聚发展提高农业生产效率，进一步推动农村劳动力向城镇的转移，将对农民发展产生影响。

为更好地分析农业集聚对农业发展的直接影响，本章进一步构建理论分析框架，判断农业集聚对农业发展的影响，有关农业集聚测度仍采用区位熵计算：

$$G_{ijt} = \frac{Y_{ijt} \Big/ \sum_i Y_{ijt}}{\sum_j Y_{ijt} \Big/ \sum_i \sum_j Y_{ijt}} = \frac{Y_{ijt} \left(\sum_i \sum_j Y_{ijt} \right)}{\left(\sum_i Y_{ijt} \right) \left(\sum_j Y_{ijt} \right)} \tag{6-1}$$

其中，G_{ijt} 为 t 年 i 省 j 种农作物的产业集聚，Y_{ijt} 为 t 年 i 省 j 种农作物的总产

量，$\sum\limits_{i} Y_{ijt}$ 为 t 年 i 省农业总产量，$\sum\limits_{j} Y_{ijt}$ 为 t 年 j 种农作物的全国总产量，$\sum\limits_{i}\sum\limits_{j} Y_{ijt}$ 为 t 年全国农业总产量，所选择的农作物包含谷物、豆类、薯类、棉花、油料、糖料、麻类、烟叶、蔬菜。

i 地区的农业集聚度为 $G_i = \dfrac{\sum\limits_{j} G_{ij}}{n}$，令 $m = \sum\limits_{i} Y_{ijt}$，$n = \sum\limits_{j} Y_{ijt}$，$p = \sum\limits_{i}\sum\limits_{j} Y_{ijt}$，由式（6-1）可得：

$$Y_{ijt} = \frac{mn}{p} G_{ijt} \tag{6-2}$$

将式（6-2）两边求导，可得：

$$\frac{\partial Y_{ijt}}{\partial G_{ijt}} = \frac{mnp}{p^2 - pG_{ijt}n - pG_{ijt}m + mnG_{ijt}} \tag{6-3}$$

当 $0 < G_{ijt} \leq \dfrac{p^2}{pn + pm - mn}$ 时，$p^2 - pG_{ijt}n - pG_{ijt}m + mnG_{ijt} \geq 0$，$\dfrac{\partial Y_{ijt}}{\partial G_{ijt}} = $

$\dfrac{mnp}{p^2 - pG_{ijt}n - pG_{ijt}m + mnG_{ijt}} \geq 0$ 意味着农业集聚对农业发展产生正向影响，即农业集聚促进农业发展的提高。

当 $G_{ijt} > \dfrac{p^2}{pn + pm - mn}$ 时，$p^2 - pG_{ijt}n - pG_{ijt}m + mnG_{ijt} < 0$，$\dfrac{\partial Y_{ijt}}{\partial G_{ijt}} = $

$\dfrac{mnp}{p^2 - pG_{ijt}n - pG_{ijt}m + mnG_{ijt}} < 0$ 意味着农业集聚对农业发展产生负向影响，即农业集聚抑制农业发展的提高。

通过上述理论分析，提出以下假设：

假设1：农业集聚对农业发展存在直接的作用，但农业集聚对农业发展产生什么影响，与农业集聚程度有关。

假设2：不同阶段农业集聚程度存在较大的不同，导致农业集聚对农业发展的影响不同。

第二节 模型构建与变量说明

从上节理论分析可以看出，农业集聚将对农业发展产生重要的影响，因此农业集聚是影响农业发展的重要因素，农业发展不仅仅是产业的发展，还与农民收入有关，同时农业的发展离不开生产要素投入，农业劳动力、农业资本作为基本的投入要素，是农业生产中必不可少的要素；农业技术水平的提高有利于劳动生产率的提高，进而对农业发展产生影响，农业的发展与技术水平密切相关；农业是资源较强的产业，农业的发展与土地的多少有关，即农业耕地数量与农业发展有关，随着农产品深加工的发展，农产品的流动与交通设施、人力资本、市场开放度有关，因此与农业发展有关的因素除了农业集聚度外，还包括农业劳动力数量、农业资本数量、农业技术水平和农业耕地数量、交通设施、农业人力资本、对外开放度等，这些因素将对农业发展产生重要影响。这些因素将对农业发展产生怎样的影响，是促进作用还是抑制作用？还是有的起先促进后抑制的作用，有的起先抑制后促进的作用？这需要运用不同的线性模型和非线性模型进行验证。本节重点分析供给侧背景下农业集聚对农业发展的影响，因此有关农业集聚对农业发展模型的构建从两方面进行，一是农业集聚对农业发展的线性模型，二是农业集聚对农业发展的非线性模型（杜建军等，2017；刘立佳等，2019；赵丹丹、周宏，2019）。

一、农业集聚的经济效应基准模型

为考察农业集聚与农业发展之间的影响机制及影响程度，将采用柯布道格拉斯生产函数，如式（6-4）所示：

$$Y_{ijt} = G_{ijt}^{\omega} K_{ijt}^{\alpha} L_{ijt}^{\beta} A_{ijt}^{\gamma} R_{ijt}^{\delta} T_{ijt}^{\sigma} O_{ijt}^{\tau} \tag{6-4}$$

将式（6-5）两边取对数，可得：

$$\ln Y_{ijt} = C + \omega \ln G_{ijt} + \alpha \ln K_{ijt} + \beta \ln L_{ijt} + \gamma \ln A_{ijt} + \delta \ln R_{ijt} + \sigma \ln T_{ijt} + \tau \ln O_{ijt} \qquad (6-5)$$

其中，i 为区域，t 为年份，被解释变量为农业发展 Y，农业发展从两方面进行分析，一是从农业产业增长的角度，采用农业增加值衡量，用 GDP 表示；二是从农民收入的角度，2000~2012 年的农民收入采用农村居民纯收入衡量，2013 年以后的农民收入采用农村居民可支配收入衡量，用 M 表示。核心解释变量农业集聚 G 采用区位熵测度值，控制变量农业资本数量采用农业施肥量衡量，用 K 表示；农业劳动力数量采用乡村从业人员数代替，用 L 表示；农业技术水平采用农业机械总动力衡量，用 A 表示；农业耕地数量采用农作物播种面积衡量，用 R 表示；交通设施水平采用每万人拥有公共汽车代替，用 T 表示；市场开放度采用进出口数量衡量，用 O 表示。

二、二次项的非线性模型

由于农业集聚与农业发展之间不一定是线性关系，不同时期不同程度的农业集聚对农业发展的影响也可能有所不同，因此引入非线性模型加以验证，能够进一步考察各因素对农业发展的影响，如果出现二次项一次项均为正，说明解释变量对农业发展具有持续促进作用；如果出现二次项为正一次项为负，说明解释变量对农业发展具有先抑制后促进作用；如果出现二次项为负一次项为正，说明解释变量对农业发展具有先促进后抑制作用；如果出现二次项一次项均为负，说明解释变量对农业发展具有持续抑制作用。非线性模型构建如式（6-6）所示：

$$\ln Y_{ijt} = C + \omega \ln G_{ijt} + \omega_1 (\ln G_{ijt})^2 + \alpha \ln K_{ijt} + \alpha_1 (\ln K_{ijt})^2 + \beta \ln L_{ijt} + \beta_1 (\ln L_{ijt})^2 +$$
$$\gamma \ln A_{ijt} + \gamma_1 (\ln A_{ijt})^2 + \delta \ln R_{ijt} + \delta_1 (\ln R_{ijt})^2 + \sigma \ln T_{ijt} + \sigma_1 (\ln T_{ijt})^2 + \tau \ln O_{ijt} +$$
$$\tau_1 (\ln O_{ijt})^2 \qquad (6-6)$$

为了验证农业集聚的非线性对农业发展的影响，本章仅引入农业集聚的二次项进行分析，模型如式（6-7）所示：

$$\ln Y_{ijt} = C + \omega \ln G_{ijt} + \omega_1 (\ln G_{ijt})^2 + \alpha \ln K_{ijt} + \beta \ln L_{ijt} + \gamma \ln A_{ijt} + \delta \ln R_{ijt} + \sigma \ln T_{ijt} +$$
$$\tau \ln O_{ijt} \qquad (6-7)$$

其中，各变量与式（6-5）含义相同，二次项为不同变量的二次项。

第三节 数据来源及说明

本章考察时段为 2000 ~ 2017 年，由于农业的特殊性，在计算农业集聚时，运用各农作物的产量数据来衡量，运用农业产值和农民收入来反映农业发展水平和规模，鉴于数据的可获得性和数据口径的一致性，各地区农业产值、农民收入、农作物产量数据全部来自《中国统计年鉴》（2001 ~ 2018），部分缺失数据来自《中国农村统计年鉴》，根据农业集聚的计算公式，运用 2000 ~ 2017 年全国 31 省（自治区、直辖市）的农作物产量数据，计算观察期内中国农业集聚的变动态势，分析农业集聚对农业发展的影响。表 6 - 1 为各变量的描述性统计结果。

表 6 - 1 各变量的描述性统计结果

变量	均值	最大值	最小值	标准差	观察值
lnGDP	6.433	8.447	3.215	1.179	558
ln$M$	8.555	10.234	7.194	0.696	558
ln$G$	-0.105	0.914	-0.989	0.441	558
ln$U$	3.836	4.495	3.031	0.316	558
ln$K$	4.639	6.574	0.916	1.203	558
ln$L$	6.447	8.071	3.584	1.031	558
ln$A$	7.398	9.499	4.557	1.090	558
ln$R$	8.107	9.600	4.795	1.148	558
ln$T$	2.324	3.428	1.099	0.371	558
ln$O$	3.386	7.634	-8.517	2.673	558

注：GDP 代表农业产业增长水平，M 代表农民收入。

第四节　农业集聚与农业发展的实证分析

为更好地分析农业集聚对农业发展的影响，将对农业发展从两方面进行分析：一是从农业产业增长的角度，采用农业增加值衡量，农业增加值的增加主要依靠农业的发展，农业规模的扩大等，因此农业增加值的提高与农业发展紧密相关，意味着农业集聚对农业产业增长起到关键作用；二是从农民收入的角度，2000~2012 年的农民收入采用农村居民纯收入衡量，2013 年以后的农民收入采用农村居民可支配收入衡量，但农民收入的提高不仅来自农业的发展，农民收入有工资性收入、经营性收入、转移性收入、财产性收入等，因此农民收入的提高与农业发展有关，但并不完全取决于农业发展，意味着农业集聚对农民收入的影响可能具有不确定性。为考察不同阶段农业集聚对农业发展的影响，将 2000~2017 年的数据分为两个阶段：2000~2008 年，2009~2017 年。之所以分为这两个阶段，主要由于受金融危机的影响，农业的发展受到一定的影响，农业集聚的变化趋势存在较大的波动性。

一、农业集聚对农业发展的基准检验结果

为实证检验农业集聚对农业产业增长的影响，本章采用面板数据模型进行分析，对计量模型（6-5）进行回归估计，结果如表6-2所示：

表 6-2　农业集聚对农业发展的基准检验结果

年份	2000~2017	2000~2008	2009~2017	2000~2017	2000~2008	2009~2017
被解释变量	$\ln GDP$	$\ln GDP$	$\ln GDP$	$\ln M$	$\ln M$	$\ln M$
C	0.648* (3.680)	1.088* (5.003)	-0.276 (-0.985)	9.065* (50.029)	9.816* (38.649)	3.701* (19.150)

续表

年份	2000~2017	2000~2008	2009~2017	2000~2017	2000~2008	2009~2017
被解释变量	lnGDP	lnGDP	lnGDP	lnM	lnM	lnM
lnG	0.180* (6.514)	0.123* (3.232)	0.080** (1.994)	−0.145* (−5.085)	−0.073*** (−1.654)	−0.187* (−6.789)
lnK	0.826* (27.053)	0.898* (23.533)	0.537* (11.524)	0.295* (9.347)	0.523* (11.725)	0.085* (2.651)
lnL	−0.060* (−2.866)	0.021 (0.766)	0.122* (3.474)	−0.209* (−9.419)	−0.187* (−5.769)	−0.117* (−4.813)
lnA	0.169* (7.905)	0.096* (3.624)	−0.031 (−0.860)	0.093* (4.110)	0.123* (3.958)	−0.253* (−10.089)
lnR	−0.025 (−0.696)	−0.103** (−2.217)	0.293* (5.221)	−0.272* (−7.205)	−0.548* (−10.071)	0.201* (5.204)
lnT	0.514* (17.501)	0.342* (10.401)	0.643* (11.445)	0.317* (10.307)	0.199* (5.191)	0.293* (7.586)
lnO	0.035* (8.008)	0.032* (5.757)	0.034* (5.034)	0.069* (15.345)	0.062* (9.658)	0.038* (8.193)
R−squared	0.930	0.954	0.947	0.561	0.659	0.697
Adjusted R−squared	0.929	0.953	0.946	0.555	0.650	0.689
F−statistic	1045.7	803.9	694.9	100.4	74.8	88.9
Prob（F−statistic）	0.000	0.000	0.000	0.000	0.000	0.000

注：*、**、***分别表示1%、5%、10%的显著性水平，GDP代表农业产业增长水平，M代表农民收入。

从模型本身估计结果看，模型F值通过1%的显著性检验，说明面板模型整体系数显著，所得估计结果较为可靠。从核心解释变量的估计结果来看，农业集聚对农业产业增长存在显著的正向影响，从2000~2017年的数据看，农业集聚每提高1%将引起农业产业增长0.18%，且通过1%统计水平上的显著检验，从2000~2008年的数据看，农业集聚每提高1%将引起农业产业增长0.123%，且通过1%统计水平上的显著检验，从2009~2017年的数据看，农业集聚每提高1%将引起农业产业增长0.08%，且通过5%统计水平上的显著检验，由此看出不同阶段农业集聚对农业产业增长虽都产生正向影响，但影响程度有所不同，农业集聚有利于农业产业增长，能够提高农业产业发展的层次。从农业集聚对农民收入的影响看，农业集聚对农民收入却表现为负向影响，无论是 2000～2017 年的数据分析，还是分阶段都是如此。具体看，2000～2017 年农业集聚每提高 1% 将引起农民收入 0.145% 的降低，且通过 1% 统计水平上的显著检验，2000～2008 年农业集聚每提高 1% 将引起农民收入 0.073% 的降低，且通过 10% 统计水平上的显著检验，从 2009～2017 年的数据看，农业集聚每提高 1% 将引起农民收入 0.187% 的降低，且通过 1% 统计水平上的显著检验，由此看出不同阶段农业集聚对农民收入都产生负向影响，但影响程度有所不同，农业集聚对农民收入并未呈现显著的增长。究其原因，农民收入的构成不仅仅是农业收入，而且还有工资性收入、财产性收入、转移性收入等，农业收入仅仅是收入的一部分，特别是伴随着城镇化水平的提高，大量的农村人口向城镇转移，使得从事农业的劳动力人口减少，城镇人口增加，转移到城镇的人口在城镇生活工作，获得收入，导致农民的收入不仅仅来自农业，农业集聚一定程度上能够减少农业劳动力的使用，对农民收入的提高作用表现并不明显。

从其他变量的估计结果来看，无论是 2000～2017 年，还是 2000～2008 年、2009～2017 年，农业资本数量对农业产业的发展均存在显著的促进作用，且通过了 5% 的显著性水平检验，说明农业化肥投入量有利于农业的发展，但并不是投入越多越好，农业资本数量对农民收入的影响也具有显著的正向作用；农业劳动力数量的投入对农业发展并未起到显著的推进作用，主要是由于机械化生产在一定程度上代替劳动力，机械化生产有利于劳动生产效率的提高，减少劳动力的作用，农业劳动力的投入对农民收入具有显著抑制作用，一定程度上可以说从事农业生产的收入小于农民工的收入，因此大量的劳动力倾向于城镇，增加城镇劳动力数量，农业劳动力数量减少；农业技术水平采用农业机械总动力衡量，2000～2017 年、2000～2008 年的数据均显示农业技术水平对农业产业增长起到显著的促进作用，且通过 5% 的显著性水平检验，农业技术水平对农民收入也起到显著的促进作用，但 2009～2017 年的结果显示略有不同，农业技术水平对农业产业增长呈现抑制作用但不显著，对农民收入却起到显著的抑制作用；2000～2017 年、2000～2008 年的数据显示农业耕地数量却显著抑制农业产业增长，原因可能在于农业是资源禀赋很强的产业,农业耕地数量变化并不是很大,对农业发展的影响并不明显,2009~2017年的数据显示农业耕地数量对农业产业增长、农民收入具有显著的促进作用;交通设施水平对农业产业增长、农民收入均起到显著促进作用;交通设施水平的提高有利于农业产业增长,有利于农民收入的提高;交通设施水平的提高有助于农产品的运输;市场开放度水平对农产品进出口起到关键的作用,因此提高市场开放度将有利于农业产业的增长。

二、农业集聚对农业发展的非线性模型检验

根据式(6-7)得到非线性模型结果如表6-3所示,表6-3为农业集聚对农业发展的非线性结果。

表6-3 农业集聚对农业发展的非线性分析

年份	2000~2017	2000~2008	2009~2017	2000~2017	2000~2008	2009~2017
被解释变量	$\ln GDP$	$\ln GDP$	$\ln GDP$	$\ln M$	$\ln M$	$\ln M$
C	0.618 * (3.519)	1.096 * (5.035)	-0.429 (-1.541)	9.069 * (50.603)	9.785 * (41.126)	7.664 * (31.325)
$\ln G$	0.161 * (5.856)	0.128 * (3.358)	0.049 (1.227)	-0.287 * (-10.001)	-0.095 ** (-2.273)	-0.183 * (-5.205)
$\ln G \times \ln G$	-0.127 * (-2.899)	-0.087 (-1.464)	-0.257 * (-3.998)	0.198 * (4.499)	0.339 * (5.245)	-0.058 (-1.025)
$\ln K$	0.786 * (24.891)	0.890 * (23.081)	0.463 * (9.392)	0.160 * (4.841)	0.554 * (13.132)	-0.031 (-0.720)
$\ln L$	-0.041 ** (-1.989)	0.014 (0.513)	0.135 * (3.874)	0.021 (0.878)	-0.159 * (-5.210)	-0.202 * (-6.619)
$\ln A$	0.152 * (7.108)	0.104 * (3.839)	-0.052 (-1.440)	-0.105 * (-4.486)	0.092 * (3.119)	-0.013 (-0.418)
$\ln R$	0.002 (0.046)	-0.103 ** (-2.210)	0.349 * (6.141)	-0.141 * (-3.697)	-0.549 * (-10.774)	0.130 ** (2.608)
$\ln T$	0.519 * (17.284)	0.353 * (10.460)	0.699 * (12.270)	0.109 * (3.420)	0.156 * (4.235)	0.635 * (12.688)

续表

年份	2000~2017	2000~2008	2009~2017	2000~2017	2000~2008	2009~2017
被解释变量	lnGDP	lnGDP	lnGDP	ln$M$	ln$M$	ln$M$
ln$O$	0.040*	0.034*	0.044*	0.061*	0.052*	0.082*
	(8.537)	(5.923)	(6.212)	(12.933)	(8.163)	(12.992)
R-squared	0.933	0.954	0.949	0.923	0.676	0.559
Adjusted R-squared	0.932	0.953	0.948	0.919	0.666	0.546
F-statistic	952.2	704.2	629.8	254.0	70.4	42.727
Prob（F-statistic）	0.000	0.000	0.000	0.000	0.000	0.000

注：*、**、***分别表示1%、5%、10%的显著性水平。

从农业集聚对农业发展的非线性影响看，2000~2017年农业集聚对农业产业增长的一次项在1%显著水平上为正，二次项在1%显著水平上为负，说明农业集聚虽对农业产业增长呈现先促进后抑制的趋势，意味着农业集聚的程度不同对农业产业增长的影响有所不同，验证了假设1的结论，农业集聚对农业产业增长的影响与农业集聚程度存在密切的关系。农业集聚对农民收入的一次项在1%显著水平上为负，二次项在1%显著水平上为正，说明农业集聚对农民收入呈现先抑制后促进的趋势，意味着农业集聚的程度不同对农民收入的影响有所不同，验证了假设1的结论，农业集聚对农民收入的影响与农业集聚程度存在密切的关系。

分阶段看，2000~2008年农业集聚对农业产业增长的影响表现为一次项在1%显著水平上为正，二次项为负但并不显著，意味着农业集聚对农业产业增长呈现显著的正向影响，与上述线性模型结果一致，2009~2017年农业集聚对农业产业增长表现为一次项为正但并不显著，二次项在1%的显著水平上表现为负，意味着农业集聚对农业产业增长可能表现为抑制作用，由此可得出不同阶段农业集聚对农业产业增长的影响不同，验证了假设2的结论。2000~2008年农业集聚对农民收入表现为一次项在5%显著水平上为负，二次项在1%显著水平上为正，说明2000~2008年农业集聚对农民收入呈现先抑制后促进的趋势。2009~2017年农业集聚对农民收入的影响一次项在1%的显著水平上呈现显著负向影响，二次项呈现非显著负向影响，说明 2009～2017 年农业集聚对农民收入可能表现为抑制作用，由此看出不同阶段农业集聚对农民收入的影响不同，验证了假设 2 的结论。

第五节　本章结论与政策建议

一、本章结论

农业供给侧结构性改革是破解农业发展难题、推动农业发展的关键举措，有利于加快农业发展方式转变、促进农业现代化发展，提高现代农业质量效益和竞争力。本章在梳理农业集聚影响农业发展内在机理的基础上，通过构建理论分析模型，从理论角度分析农业集聚对农业发展的影响并提出不同的假设，同时利用 2000～2017 年 31 省（自治区、直辖市）的相关数据，采用面板数据模型实证检验供给侧背景下农业集聚对农业发展的影响及其内在机制。将把农业发展分为农业产业增长和农民收入，为考察不同阶段农业集聚对农业发展的影响，将 2000～2017 年分为两个阶段：2000～2008 年，2009～2017 年。得出以下结论：

其一，农业集聚对农业产业增长产生显著的正向影响，无论是 2000～2017 年的分析，还是分阶段分析都是如此，农业集聚有利于农业产业增长，能够提高农业产业发展的层次，但不同农业集聚的程度对农业产业增长的影响有所不同；农业集聚对农民收入却表现为负向影响，无论是 2000～2017 年的分析，还是分阶段的分析都是如此，说明农业集聚对农民收入的提高并未表现为正向影响，不同农业集聚的程度对农民收入的影响也有所不同，验证了假设 1 的结论。农业资本数量对农业产业的发展存在显著的促进作用，农业劳动力数量的投入对农业发展并未起到显著的推进作用，2000～2017 年、2000～2008 年农业技术水平对农民收入也起到显著的促进作用，农业耕地数量却显著抑制农业产业增长，但 2009～

2017 年农业耕地数量对农业产业增长、农民收入具有显著的促进作用；交通设施水平对农业产业增长、农民收入均起到显著促进作用；交通设施水平的提高有利于农业产业增长，有利于农民收入的提高；交通设施水平的提高有助于农产品的运输，市场开放度的水平对农产品进出口起到关键的作用，因此市场开放度将有利于农业产业的增长。

其二，从非线性模型结果来看，2000～2017 年农业集聚对农业产业增长的一次项在 1% 显著水平上为正，二次项在 1% 显著水平上为负，说明农业集聚对农业产业增长出现先促进后抑制的趋势。农业集聚对农民收入的一次项在 1% 显著水平上为负，二次项在 1% 显著水平上为正，说明农业集聚对农民收入呈现先抑制后促进的趋势。分阶段看，2000～2008 年农业集聚对农业产业增长的影响表现为一次项在 1% 显著水平上为正，二次项为负但并不显著，意味着农业集聚对农业产业增长呈现显著的正向影响，与上述线性模型结果一致，2009～2017 年农业集聚对农业产业增长表现为一次项为正但并不显著，二次项在 1% 的显著水平上表现为负。2000～2008 年农业集聚对农民收入表现为一次项在 5% 显著水平上为负，二次项在 1% 显著水平上为正，说明 2000～2008 年农业集聚对农民收入呈现先抑制后促进的趋势。2009～2017 年农业集聚对农民收入的一次项在 1% 的水平上呈现显著负向影响，二次项呈现非显著负向影响，说明 2009～2017 年农业集聚对农民收入可能表现为抑制作用，由此看出不同阶段农业集聚对农民收入的影响不同，验证了假设 2 的结论。

二、本章政策建议

农业供给侧结构性改革的主要目标是促进农业发展，增加农民收入、保障有效供给。农业供给侧结构性改革的提出，有利于优化农业生产结构，围绕市场需求生产，对需求高的农产品增加产量，对需求低的农产品逐步降低产量，优化农业资源配置，扩大农产品有效供给，增强结构适应性和灵活性。结合上述结论，本章的主要政策启示在于：

其一，农业集聚一定程度上有利于劳动生产率的提高，作为资源禀赋较强的产业，注重农业产业发展，综合发展优势产业和特色产业。因此，需要加强基础设施建设、优化生产与市场条件，充分挖掘当地资源禀赋，为推进产业集聚形成及功能发挥提供便利，进而加快建立以经济集聚诱导的经济增长之路。其二，打破地方本位思想、加强区域之间的互动，促进信息、劳动力和资本的自由流动，从根本上通过辐射增长而实现区域经济发展和农民增收。其三，通过市场化机制构建利益补偿机制，以更有效地优化资源配置，避免产业结构同化、特点同化，推动在产业链条不同环节间的合作，进而培育和建立起具有区域特色的集群品牌，促生和推动区域经济的联动发展。

第七章

城镇化视角下农业集聚推动
农业发展的实证分析

伴随城镇化和主体功能区战略的不断推进，以"农业产业区"为特征的农业集聚趋势将不断加强，要素的空间集聚必然改变中国传统弱质农业发展格局。以要素集聚、分工深化、结构转型为特征的农业创新红利的充分释放是中国未来农业持续健康发展的保证。城镇化作为破解"三农"问题，推动乡村振兴的重要力量，对要素配置结构优化，产业结构优化具有重要的作用，因此，从城镇化视角研究农业集聚对农业发展的机理与实践路径具有重要现实意义。

基于中国区域比较优势和要素禀赋异质性特点，国务院批复的"全国主体功能区战略规划"（国务院，2012），明确了中国不同主体功能区特别是农产品主产区的要素集聚、城镇化、农业发展战略格局，同时提出农产品主产区将土地规模经营、特色城镇培育、优势农产品发展作为主攻方向。针对大量农村剩余劳动力滞留农村，影响农业发展的现状，有学者提出通过加快城市化提高农业生产效率，促进农业现代化水平的提高（谢杰，2012；赵丹丹、周宏，2019）；农业现代化推动产业结构优化升级，通过空间结构优化，完善城镇化空间布局与形态，提高经济发展效率（韦伟，2013；刘立佳等，2019）。农村剩余劳动力的转移促进农产品深加工发展，提高农产品附加值和农业劳动生产率，促进农业产业结构纵深发展，提高产业结构的合理化和高度化（崔宇明等，2013；贾兴梅，2018）。农村劳动力的转移，推动了人口城镇化的发展，使得从事农业的人口减少。

城镇化的发展一定程度上深化了农业产业分工，优化产业结构，以"集约化、规模化"为特征的产业集聚形成，减少劳动力的使用，促使产业效率提升，进而推动农业发展。产业集聚带动要素集聚，促进产业布局优化及结构调整，同时农业产业集聚的发展能够推动社会资本、人力资本的集聚（卫宝龙、李静，2014），进而影响城镇化和农业发展，城镇化与农业集聚之间具有相互作用，能够共同推动农业发展。对城镇化、产业集聚与经济发展的有关研究认为产业集聚对生产率增长的促进具有门槛效应，随着城镇化水平的提高而增强，产业集聚能够降低交易成本、加强企业竞争、共享基础设施和要素资源、获得知识技术外溢及扩展上下游相互关联的产业链等途径提高生产效率，促进经济增长（崔宇明等，2013；Gilbert et al.，2007；Lucio et al.，2002；Braunerhhelm et al.，2006；Brulhart et al.，2007）。

已有研究虽为本章提供了借鉴和启示，但存在些许不足。在研究内容上，针对城镇化、农业集聚与农业发展的研究主要集中在相互作用机理的研究，对三者之间影响的实证分析相对较为薄弱，特别在不同地区不同城镇化发展阶段，农业集聚对农业发展的效应、驱动机制的异质性，对城镇化进程中农业集聚的区域差异，城镇化、农业集聚与农业发展之间相互影响的研究更为薄弱。在研究视角上，针对农业集聚对农业发展的直接影响进行分析，而对其传导途径、传导机制的分析较少。鉴于此，本章从城镇化、农业集聚、农业发展三维角度入手，从城镇化的视角，揭示不同地区不同阶段农业集聚对农业发展的传导机制与途径；通过构建理论分析模型，分析农业集聚对农业发展的传导机制，并提出不同的假设；通过建立计量模型，包括线性模型与非线性模型分析城镇化进程中农业集聚对农业发展的影响，并对其进行稳定性检验，探讨背后的驱动机制、制度安排与实现路径。为城镇化、农业集聚对现代农业发展的影响提供实证支持并提出相关政策建议。

第一节　理论分析与研究假设

在城镇化、产业集聚与区域发展的关系上，大多数研究认为城镇化对产业集聚具有推动作用，产业集聚对区域经济具有正反馈作用。大量农村剩余劳动力滞留农村，影响农业发展的现状，有学者提出通过加快城镇化提高农业生产效率，促进农业现代化水平的提高（谢杰，2012）；农业现代化推动产业结构优化升级，通过空间结构优化，完善城镇化空间布局与形态，提高经济发展效率（韦伟，2013）。同时农业产业集聚的发展能够推动社会资本、人力资本的集聚（卫宝龙、李静，2014），进而影响城镇化和农业发展，城镇化与农业集聚之间具有相互作用，能够共同推动农业发展。

为更好地分析城镇化进程中农业集聚对农业发展的影响，本章通过构建理论分析框架，判断农业集聚对农业发展的间接影响及传导机制。有关农业集聚测度仍采用区位熵计算：

$$G_{ijt} = \frac{Y_{ijt} \Big/ \sum_i Y_{ijt}}{\sum_j Y_{ijt} \Big/ \sum_i \sum_j Y_{ijt}} = \frac{Y_{ijt} \left(\sum_i \sum_j Y_{ijt} \right)}{\left(\sum_i Y_{ijt} \right) \left(\sum_j Y_{ijt} \right)} \qquad (7-1)$$

其中，G_{ijt} 为 t 年 i 省 j 种农作物的产业集聚，Y_{ijt} 为 t 年 i 省 j 种农作物的总产量，$\sum_i Y_{ijt}$ 为 t 年 i 省农业总产量，$\sum_j Y_{ijt}$ 为 t 年 j 种农作物的全国总产量，$\sum_i \sum_j Y_{ijt}$ 为 t 年全国农业总产量，所选择的农作物包含谷物、豆类、薯类、棉花、油料、糖料、麻类、烟叶、蔬菜。

i 地区的农业集聚度为 $G_i = \dfrac{\sum_j G_{ijt}}{n}$，令 $m = \sum_i Y_{ijt}$，$n = \sum_j Y_{ijt}$，$p = \sum_i \sum_j Y_{ijt}$，由式（7-1）可得：

$$Y_{ijt} = \frac{mn}{p} G_{ijt} \qquad (7-2)$$

本章通过构建理论分析框架，判断城镇化、农业集聚对农业发展的影响，理论分析框架如下：

$$\frac{\partial Y_{ijt}}{\partial U_{it}} = \frac{\partial Y_{ijt}}{\partial G_{ijt}} \frac{\partial G_{ijt}}{\partial U_{it}} \tag{7-3}$$

$$\frac{\partial G_{ijt}}{\partial U_{it}} = \frac{\partial Y_{ijt}}{\partial U_{it}} \Big/ \frac{\partial Y_{ijt}}{\partial G_{ijt}} \tag{7-4}$$

$$\frac{\partial G_{ijt}}{\partial U_{it}} = \frac{p^2 - pG_{ijt}n - pG_{ijt}m + mnG_{ijt}}{mnp} \frac{\partial Y_{ijt}}{\partial U_{it}} \tag{7-5}$$

当 $0 < G_{ijt} \leq \dfrac{p^2}{pn+pm-mn}$ 时，$p^2 - pG_{ijt}n - pG_{ijt}m + mnG_{ijt} \geq 0$，

$\dfrac{p^2 - pG_{ijt}n - pG_{ijt}m + mnG_{ijt}}{mnp} \geq 0$，若 $\dfrac{\partial Y_{ijt}}{\partial U_{it}} \geq 0$，则 $\dfrac{\partial G_{ijt}}{\partial U_{it}} \geq 0$，意味着城镇化推动农业集

聚，对农业发展产生正向影响，若 $\dfrac{\partial Y_{ijt}}{\partial U_{it}} \leq 0$，则 $\dfrac{\partial G_{ijt}}{\partial U_{it}} \leq 0$，意味着城镇化阻碍农业

集聚，对农业发展产生负向影响。

当 $G_{ijt} > \dfrac{p^2}{pn+pm-mn}$ 时，$p^2 - pG_{ijt}n - pG_{ijt}m + mnG_{ijt} < 0$，$\dfrac{p^2 - pG_{ijt}n - pG_{ijt}m + mnG_{ijt}}{mnp} <$

0，若 $\dfrac{\partial Y_{ijt}}{\partial U_{it}} > 0$，则 $\dfrac{\partial G_{ijt}}{\partial U_{it}} < 0$，意味着城镇化阻碍农业集聚，对农业发展产生负向作

用。若 $\dfrac{\partial Y_{ijt}}{\partial U_{it}} < 0$，则 $\dfrac{\partial G_{ijt}}{\partial U_{it}} > 0$，意味着城镇化推动农业集聚，对农业发展产生正向

作用。

根据以上理论分析，提出以下假设：

假设1：农业集聚可通过城镇化的加速发展对农业发展产生影响，不同城镇化程度与农业集聚度对农业发展影响不同。

假设2：农业集聚对城镇化的影响，与农业集聚程度有关，不同阶段不同的农业集聚度对城镇化的影响有所差异。

假设3：城镇化在农业集聚对农业发展的影响过程中存在中介传导效应。

第二节　模型构建

从上节理论可以看出，城镇化与农业集聚有关，也与农业发展有关，农业集聚是影响农业发展的重要因素，城镇化在农业集聚促进农业发展的过程中可能起到重要的中介作用。农业发展不仅仅是产业的发展，还与农民收入有关，同时农业的发展离不开要素的投入，农业劳动力、农业资本作为基本的投入要素，是农业生产中必不可少的要素；农业技术水平的提高有利于劳动生产率的提高，进而对农业发展产生影响，农业的发展与技术水平密切相关；农业是资源较强的产业，农业的发展与土地的多少有关，即农业耕地数量与农业发展有关，随着农产品深加工的发展，农产品的流动与交通设施、人力资本、市场开放度有关，因此与农业发展有关的因素除了农业集聚度外，还包括农业劳动力数量、农业资本数量、农业技术水平和农业耕地数量、交通设施、农业人力资本、对外开放度等，这些因素将对农业发展产生重要影响，同时城镇化与农业的发展有关，即城镇化是否促进农业发展，这些因素将对农业发展产生怎样的影响，是促进作用还是抑制作用？还是有的起先促进后抑制的作用，有的起先抑制后促进的作用？这需要运用不同的线性模型和非线性模型进行验证。本章重点分析城镇化视角下农业集聚对农业发展的影响，通过稳健性检验，判断城镇化对农业集聚对农业发展的传导机制，因此有关农业集聚对农业发展模型的构建从两方面进行，一是农业集聚对农业发展的线性模型；二是农业集聚对农业发展的非线性模型（杜建军等，2017），同时运用稳健性检验验证城镇化的中介效应。

一、城镇化视角下农业集聚的经济效应基准模型

根据上述的理论分析，引入城镇化这一变量，考察农业集聚与农业发展之间的影响机制及影响程度，将采用柯布道格拉斯生产函数，如式（7-6）所示：

$$Y_{ijt} = G_{ijt}^{\omega} U_{ijt}^{\psi} K_{ijt}^{\alpha} L_{ijt}^{\beta} A_{ijt}^{\gamma} R_{ijt}^{\delta} T_{ijt}^{\sigma} O_{ijt}^{\tau} \qquad (7-6)$$

将式（7-6）两边取对数，可得式（7-7）：

$$\ln Y_{ijt} = C + \omega \ln G_{ijt} + \psi \ln U_{ijt} + \alpha \ln K_{ijt} + \beta \ln L_{ijt} + \gamma \ln A_{ijt} + \delta \ln R_{ijt} + \sigma \ln T_{ijt} + \tau \ln O_{ijt}$$

$$(7-7)$$

其中，i 为区域，t 为年份，被解释变量为农业发展 Y，核心解释变量农业集聚 G 采用区位熵测度值，控制变量城镇化水平 U 采用人口城镇化率衡量，农业资本数量 K 采用农业施肥量衡量，农业劳动力数量 L 采用乡村从业人员数代替，农业技术水平 A 采用农业机械总动力衡量，农业耕地数量 R 采用农作物播种面积衡量，交通设施水平 T 采用每万人拥有公共汽车代替，市场开放度 O 采用进出口数量衡量。

为定量识别农业集聚是否通过城镇化影响农业发展，本章引入城镇化与农业集聚的交互项作为关键解释变量，进一步设定模型如式（7-8）所示：

$$\ln Y_{ijt} = C + \omega \ln G_{ijt} \times \ln U_{ijt} + \psi \ln U_{ijt} + \alpha \ln K_{ijt} + \beta \ln L_{ijt} + \gamma \ln A_{ijt} + \delta \ln R_{ijt} + \sigma \ln T_{ijt} +$$
$$\tau \ln O_{ijt} \qquad (7-8)$$

其中，$\ln G \times \ln U$ 为农业集聚与城镇化的交互项，如果交互项的估计系数显著为正，说明农业集聚水平越高，城镇化对农业发展的效应越显著，由此可以证实农业集聚发展会通过城镇化促进农业发展。

二、引入二次项的非线性模型

由于农业集聚与农业发展之间不一定是线性关系，不同时期不同程度的农业集聚对农业发展的影响不同，引入非线性模型加以验证，能够进一步考察各因素对农业发展的影响，如果出现二次项一次项均为正，说明解释变量对农业发展有持续促进作用，如果出现二次项为正一次项为负，说明解释变量对农业发展有先抑制后促进作用，如果出现二次项为负一次项为正，说明解释变量对农业发展有先促进后抑制作用，如果出现二次项一次项均为负，说明解释变量对农业发展有持续抑制作用。

当引入城镇化这一变量时，模型将转化为式（7-9）：

$$\ln Y_{ijt} = C + \omega \ln G_{ijt} + \omega_1 (\ln G_{ijt})^2 + \psi \ln U_{ijt} + \psi_1 (\ln U_{ijt})^2 + \alpha \ln K_{ijt} + \beta \ln L_{ijt} +$$
$$\gamma \ln A_{ijt} + \delta \ln R_{ijt} + \sigma \ln T_{ijt} + \tau \ln O_{ijt} \qquad (7-9)$$

为定量识别农业集聚是否通过促进城镇化影响农业发展，引入式（7 - 10）：

$$\ln Y_{ijt} = C + \omega \ln G_{ijt} \times \ln U_{ijt} + \omega_1 (\omega \ln G_{ijt} \times \ln U_{ijt})^2 + \psi \ln U_{ijt} + \psi_1 (\ln U_{ijt})^2 +$$
$$\alpha \ln K_{ijt} + \beta \ln L_{ijt} + \gamma \ln A_{ijt} + \delta \ln R_{ijt} + \sigma \ln T_{ijt} + \tau \ln O_{ijt} \qquad (7-10)$$

其中，各变量含义与式（7 - 7）相同，二次项为不同变量的二次项。

第三节 城镇化视角下农业集聚对农业发展的影响分析

一、城镇化视角下农业集聚对农业发展的影响机制

第六章中的基准检验结果已初步表明，农业集聚有利于农业产业增长，但对农民收入却未起到推动作用。农业集聚对农业发展的内在机制如何，即农业集聚是否通过城镇化的提高对农业发展产生影响。运用式（7 - 8）进行计算，所得结果如表 7 - 1 所示：

表 7 - 1　农业集聚对农业发展的影响机制检验结果

年份	2000 ~ 2017	2000 ~ 2008	2009 ~ 2017	2000 ~ 2017	2000 ~ 2008	2009 ~ 2017
被解释变量	ln*GDP*	ln*GDP*	ln*GDP*	ln*M*	ln*M*	ln*M*
C	- 2.382*	- 0.229	- 2.291*	3.906*	5.226*	3.588*
	(- 9.212)	(- 0.674)	(- 5.46)	(19.432)	(17.651)	(12.819)
ln*U* × ln*G*	0.085*	0.039*	0.049*	0.021*	- 0.005	0.010
	(12.343)	(3.799)	(4.652)	(3.930)	(- 0.546)	(1.382)
ln*U*	0.707*	0.275*	0.551*	1.189*	0.929*	1.115*
	(15.915)	(5.134)	(6.365)	(33.877)	(19.841)	(19.311)

续表

年份	2000～2017	2000～2008	2009～2017	2000～2017	2000～2008	2009～2017
被解释变量	lnGDP	lnGDP	lnGDP	ln$M$	ln$M$	ln$M$
ln$K$	0.787*	0.852*	0.491*	0.213*	0.346*	-0.108*
	(25.665)	(21.477)	(10.702)	(8.953)	(9.992)	(-3.534)
ln$L$	-0.011	0.074**	0.185*	-0.106*	-0.008	-0.076*
	(-0.507)	(2.508)	(5.204)	(-6.121)	(-0.326)	(-3.212)
ln$A$	0.328*	0.112*	0.104**	0.355*	0.182*	0.274*
	(16.390)	(4.227)	(2.542)	(21.780)	(7.870)	(10.077)
ln$R$	-0.117*	-0.087***	0.181*	-0.413*	-0.463*	-0.109*
	(-3.343)	(-1.834)	(3.201)	(-15.037)	(-11.225)	(-2.873)
ln$T$	0.470*	0.325	0.488*	0.218*	0.131*	0.296*
	(16.279)	(9.859)	(8.132)	(9.514)	(4.540)	(7.389)
ln$O$	-0.001*	0.014**	0.015**	0.005	0.0003	0.037*
	(-0.139)	(2.139)	(2.004)	(1.285)	(0.060)	(7.537)
R-squared	0.931	0.957	0.952	0.724	0.818	0.678
Adjusted R-squared	0.930	0.955	0.951	0.720	0.813	0.669
F-statistic	926.1	743.5	671.1	180.5	152.2	71.1
Prob（F-statistic）	0.000	0.000	0.000	0.000	0.000	0.000

注：*、**、***分别表示1%、5%、10%的显著性水平。

从模型本身估计结果看，模型 F 值通过 1% 的显著性检验，说明面板模型整体系数显著，所得估计结果较为可靠，也说明本章设定的计量模型以及选取的估计方法较为合理。从模型拟合度看，不同阶段农业集聚对农业产业增长的拟合度均在 0.90 以上，农业集聚对农民收入的拟合度也均在 0.65 以上。除此之外，模型中绝大多数变量的回归系数方向和显著性水平具有一致性且变化不大，说明本章模型估计结果的稳健性较好。

从农业集聚与城镇化的交互项对农业发展的影响看，2000～2017 年农业集聚与城镇化的交互项对农业产业增长的估计系数在 1% 的统计水平上显著为正，其交互项每提高 1%，将引起农业产业 0.085% 的增长，2000～2008 年农业集聚与城镇化的交互项对农业产业增长的估计系数在 1% 的统计水平上显著为正，其交互项每提高1%，将引起农业产业0.039%的增长，2009～2017年农业集聚与城镇化的交互项对农业产业增长的估计系数在1%的统计水平上显著为正，其交互项每提高1%，将引起农业产业0.049%的增长，这意味着在农业集聚水平越高的地区，城镇化对农业产业增长的效应越显著。农业集聚与城镇化的交互项对农民收入的影响却表现不同，2000～2017年农业集聚与城镇化的交互项对农民收入表现为正向影响，意味着城镇化对农民收入产生正向影响，且超过农业集聚带来的负向影响，2000～2008年、2009～2017年农业集聚与城镇化的交互项对农民收入的影响并不显著，且影响方向不同，意味着不同阶段农业集聚与城镇化的交互项对农民收入的影响有所不同。

从城镇化变量的估计结果来看，其系数均在1%的水平上显著为正，说明城镇化的进程有利于农业发展，这也与前文的理论分析相符。具体来看，2000～2017年城镇化对农业产业增长的估计系数在1%的统计水平上显著为正，城镇化每提高1%将引起农业产业增长0.707%，2000～2008年城镇化对农业产业增长的估计系数在1%的统计水平上显著为正，城镇化每提高1%将引起农业产业增长0.275%，2009～2017年城镇化对农业产业增长的估计系数在1%的统计水平上显著为正，城镇化每提高1%将引起农业产业增长0.551%。无论2000～2017年的数据还是2000～2008年、2009～2017年的数据均显示，城镇化对农民收入的影响均在1%统计水平上显著为正，仅不同阶段城镇化对农民收入的影响程度有所不同。

从各控制变量对农业发展的影响看，无论2000～2017年的数据还是2000～2008年、2009～2017年的数据均显示，农业资本数量对农业产业的增长具有显著的促进作用，且通过了1%的显著性水平检验，2000～2017年、2000～2008年农业资本数量对农民收入的影响也具有显著的正向作用，且通过1%的显著性水平检验，但2009～2017年农业资本数量对农民收入却呈现显著的负向影响，意味着农业资本的投入并不是越多越好。2000～2017年农业劳动力数量的投入对农业发展并未起到显著的推进作用，2000～2008年、2009～2017年农业劳动力数量的投入对农业产业增长的影响具有促进作用，且分别通过5%和1%的显著性水平，2000～2008年农业劳动力数量对农民收入未起到显著的推动作用。无论是2000～2017年的数据还是2000～2008年、2009～2017年的数据均显示，农业技术水平对农业产业增长起到显著的促进作用，且分别通过1%、1%、5%的显著性水平检验，农业技术水平对农民收入也起到显著的促进作用，均通过1%的显著性水平检验。2000～2017年、2000～2008年的数据显示农业耕地数量显著抑制农业产业增长，2009～2017年的数据显示农业耕地数量对农业产业增长具有显著的促进作用，农业耕地数量却显著抑制农民收入。交通设施水平对农业产业增长、农民收入均起到显著促进作用，交通设施水平的提高有利于农业产业增长，有利于农民收入的提高，交通设施水平的提高有助于农产品的运输。市场开放度的水平对农产品进出口起到关键的作用，因此市场开放度将有利于农业产业的增长。

二、城镇化视角下农业集聚对农业发展的稳健性检验

前文计量模型利用"交互项检验"，初步探究了农业集聚通过城镇化影响农业产业增长的内在机制。为更准确识别农业集聚、城镇化与农业产业增长的传导机制，构建中介效应模型，中介效应模型的构建步骤如下：

首先，检验农业集聚是否影响农业发展。构建模型如式（7－11）所示：

$$\ln Y_{ijt} = C + \omega_1 \ln G_{ijt} + \alpha \ln X_{ijt} + \varepsilon_{ijt} \tag{7－11}$$

如果式（7－11）的回归系数 ω_1 显著，说明农业集聚对农业发展产生影响。

其次，检验农业集聚是否影响城镇化。构建模型如式（7－12）所示：

$$\ln U_{ijt} = C + \omega_2 \ln G_{ijt} + \alpha \ln X_{ijt} + \zeta_{ijt} \tag{7－12}$$

如果式（7－12）的回归系数 ω_2 显著，说明农业集聚会对城镇化产生影响。

最后，将农业集聚与城镇化同时纳入模型进行回归。构建模型如式（7－13）所示：

$$\ln Y_{ijt} = C + \omega_3 \ln G_{ijt} + \psi \ln U_{ijt} + \alpha \ln X_{ijt} + \sigma_{ijt} \tag{7－13}$$

如果式（7－13）中的回归系数 ω_3 和 ψ 均显著，说明存在部分中介效应，即农业集聚对农业产业增长的影响部分来自于城镇化的传导；如果仅回归系数 ψ 显著，ω_3 不显著，则存在完全中介效应，即农业集聚对农业产业增长的影响完

全来自于城镇化的传导。

式（7 - 11）的结果如表 6 - 2 所示，式（7 - 12）、式（7 - 13）的结果如表 7 - 2、表 7 - 3 所示：

表 7 - 2 农业集聚对城镇化的影响

年份	2000～2017	2000～2008	2009～2017
被解释变量	$\ln U$	$\ln U$	$\ln U$
C	4.434* (29.109)	4.892* (20.843)	3.701* (19.150)
$\ln G$	-0.086* (-3.625)	-0.075*** (-1.832)	-0.187* (-6.789)
$\ln K$	0.197* (7.515)	0.185* (4.498)	0.085* (2.651)
$\ln L$	-0.247* (-14.440)	-0.192* (-6.433)	-0.117* (-4.813)
$\ln A$	-0.078* (-4.371)	-0.068** (-2.370)	-0.253* (-10.089)
$\ln R$	0.002 (0.058)	-0.079 (-1.571)	0.201* (5.204)
$\ln T$	0.194* (7.853)	0.076** (2.149)	0.293* (7.586)
$\ln O$	0.054* (14.057)	0.066* (11.047)	0.038* (8.193)
R - squared	0.648	0.612	0.697
Adjusted R - squared	0.644	0.602	0.689
F - statistic	144.8	61.0	88.7
Prob(F - statistic)	0.000	0.000	0.000

注：*、**、***分别表示1%、5%、10%的显著性水平。

表 7 - 3 中介效应估计结果

年份	2000～2017	2000～2008	2009～2017	2000～2017	2000～2008	2009～2017
被解释变量	$\ln GDP$	$\ln GDP$	$\ln GDP$	$\ln M$	$\ln M$	$\ln M$
C	-2.318* (-8.924)	-0.219 (-0.643)	-2.216* (-5.289)	3.957* (19.526)	5.255* (17.544)	3.606* (12.930)

续表

年份	2000~2017	2000~2008	2009~2017	2000~2017	2000~2008	2009~2017
被解释变量	$\ln GDP$	$\ln GDP$	$\ln GDP$	$\ln M$	$\ln M$	$\ln M$
$\ln G$	0.327*	0.143*	0.178*	0.090*	-0.003	0.031
	(12.120)	(3.732)	(4.210)	(4.231)	(-0.099)	(1.087)
$\ln U$	0.687*	0.267*	0.524*	1.184*	0.932*	1.106*
	(15.532)	(5.003)	(6.122)	(33.743)	(19.831)	(19.411)
$\ln K$	0.785*	0.848*	0.492*	0.213*	0.350*	-0.109*
	(25.610)	(21.488)	(10.683)	(8.927)	(10.061)	(-3.545)
$\ln L$	-0.016	0.073**	0.184*	-0.105*	-0.007	-0.076*
	(-0.733)	(2.453)	(5.124)	(-6.030)	(-0.281)	(-3.177)
$\ln A$	0.337*	0.114*	0.101**	0.357*	0.186*	0.271*
	(16.559)	(4.260)	(2.432)	(21.416)	(7.871)	(9.785)
$\ln R$	-0.117*	-0.082***	0.187*	-0.419*	-0.474*	-0.105*
	(-3.332)	(1.754)	(3.265)	(-15.071)	(-11.495)	(-2.739)
$\ln T$	0.461*	0.322*	0.489*	0.211*	0.128*	0.298*
	(15.868)	(9.690)	(8.105)	(9.090)	(4.387)	(7.412)
$\ln O$	-0.001	0.014**	0.014***	0.005	0.001	0.037*
	(-0.151)	(2.167)	(1.906)	(1.430)	(0.156)	(7.493)
R – squared	0.931	0.957	0.952	0.724	0.818	0.678
Adjusted R – squared	0.930	0.955	0.950	0.720	0.813	0.668
F – statistic	922.9	742.6	664.5	180.2	152.1	71.1
Prob(F – statistic)	0.000	0.000	0.000	0.000	0.000	0.000

注：*、**、***分别表示1%、5%、10%的显著性水平。

表7-2显示，农业集聚对农业产业增长的影响在1%的统计水平上显著为正，农业集聚对农民收入的影响在1%的统计水平上显著为负。2000~2017年、2000~2008年、2009~2017年农业集聚对城镇化均产生负向影响，但影响程度有所不同。具体表现为2000~2017年农业集聚对城镇化在1%的统计水平上负向显著，农业集聚变化1%将引起城镇化水平变化0.086%，2000~2008年农业集聚对城镇化在1%的统计水平上负向显著，农业集聚变化1%将引起城镇化水平变化0.075%，2009~2017年农业集聚对城镇化在1%的统计水平上负向显著，

农业集聚变化1%将引起城镇化水平变化0.187%。中介效应模型的回归结果如表7-3所示，从表7-3可以看出，农业集聚、城镇化对农业产业增长、农民收入表现为显著正向影响，意味着城镇化扮演了部分中介效应的作用，农业集聚可以通过城镇化进程影响农业发展，解释了农业集聚、城镇化、农业发展的传导机制。

三、城镇化视角下农业集聚对农业发展的非线性模型检验

当引入城镇化时，所得结果如表7-4所示：

表7-4 农业集聚对农业发展的非线性分析（引入城镇化）

年份	2000～2017	2000～2008	2009～2017	2000～2017	2000～2008	2009～2017
被解释变量	lnGDP	lnGDP	lnGDP	ln$M$	ln$M$	ln$M$
C	12.095* (9.775)	3.969* (2.799)	6.894** (2.376)	21.252* (23.874)	18.308* (15.001)	12.887* (4.698)
ln$G$	0.419* (15.008)	0.245* (3.819)	0.442* (6.477)	0.191* (9.266)	0.126** (2.2872)	0.379* (6.379)
ln$G$×ln$G$	-0.428* (-9.339)	-0.064 (-0.661)	-0.508* (-4.719)	-0.207* (-6.286)	-0.011 (-0.129)	-0.357* (-3.843)
ln$U$	-7.335* (-10.917)	-2.542* (-2.969)	-5.432* (-3.539)	-8.328* (-17.163)	-6.241* (-8.476)	-5.644* (-3.895)
ln$U$×ln$U$	1.084* (11.992)	0.425* (3.495)	0.951* (4.661)	1.276* (19.510)	0.959* (9.173)	1.063* (5.538)
ln$K$	0.714* (22.725)	0.730* (9.802)	0.520* (6.308)	0.185* (8.177)	0.404* (6.346)	-0.081 (-1.140)
ln$L$	-0.010 (-0.479)	-0.182* (-4.053)	0.040 (0.998)	-0.0942* (-5.908)	-0.238* (-6.177)	-0.079** (-2.128)
ln$A$	0.411* (19.409)	0.359* (8.090)	0.436* (9.451)	0.422* (25.658)	0.470* (12.365)	0.577* (13.561)
ln$R$	-0.088** (-2.520)	0.066 (0.859)	-0.010 (-0.117)	-0.399* (-15.704)	-0.515* (-7.801)	-0.328* (-4.540)

续表

年份	2000~2017	2000~2008	2009~2017	2000~2017	2000~2008	2009~2017
被解释变量	lnGDP	lnGDP	lnGDP	ln$M$	ln$M$	ln$M$
ln$T$	0.421*	0.168*	0.288*	0.123*	0.069**	0.417*
	(14.363)	(5.213)	(5.307)	(5.692)	(2.488)	(8.028)
ln$O$	−0.003	0.001	0.001	−0.005	−0.009***	0.009***
	(−0.636)	(0.090)	(0.094)	(−1.415)	(−1.573)	(1.653)
R−squared	0.940	0.873	0.851	0.765	0.851	0.775
Adjusted R−squared	0.939	0.868	0.845	0.761	0.845	0.767
F−statistic	851.4	183.8	152.6	178.2	153.0	92.5
Prob(F−statistic)	0.000	0.000	0.000	0.000	0.000	0.000

注：*、**、***分别表示1%、5%、10%显著性水平。

引入城镇化后，农业集聚对农业产业增长、农民收入的影响基本相同，仅影响程度有所不同。表7-4显示，2000~2017年城镇化对农业产业增长的一次项在1%显著水平上为负，二次项在1%显著水平上为正，意味着城镇化对农业产业增长出现先抑制后促进的趋势，城镇化对农民收入的一次项在1%显著水平上为负，二次项在1%显著水平上为正，意味着城镇化对农民收入呈现先抑制后促进的趋势。2000~2008年城镇化对农业产业增长的影响表现为一次项在1%显著水平上为负，二次项为正，意味着城镇化对农业产业增长呈现先抑制后促进的趋势，城镇化对农民收入的影响也表现为先抑制后促进的趋势。2009~2017年城镇化对农业产业增长、农民收入的影响与2000~2017年基本一致，仅影响程度有所不同。

当引入城镇化与农业集聚的交互项及二次项时，所得结果如表7-5所示：

表7-5　农业集聚对农业发展的非线性分析（引入交互项）

年份	2000~2017	2000~2008	2009~2017	2000~2017	2000~2008	2009~2017
被解释变量	lnGDP	lnGDP	lnGDP	ln$M$	ln$M$	ln$M$
C	13.081*	4.499*	7.140**	21.884*	18.543*	13.057*
	(10.301)	(3.032)	(2.464)	(23.879)	(14.489)	(4.763)

续表

年份	2000～2017	2000～2008	2009～2017	2000～2017	2000～2008	2009～2017
被解释变量	$\ln GDP$	$\ln GDP$	$\ln GDP$	$\ln M$	$\ln M$	$\ln M$
$\ln U \times \ln G$	0.103*	0.064*	0.114*	0.049*	0.035**	0.093*
	(14.275)	(3.811)	(6.646)	(9.240)	(2.416)	(6.229)
$(\ln U \times \ln G)^2$	-0.024*	-0.006	-0.028*	-0.012*	-0.001	-0.021*
	(-8.398)	(-0.873)	(-4.363)	(-5.657)	(-0.161)	(-3.779)
$\ln U$	-7.898*	-2.857*	-5.603*	-8.699*	-6.383*	-5.779*
	(11.419)	(-3.207)	(-3.652)	(-17.367)	(-8.309)	(-3.986)
$\ln U \times \ln U$	1.166*	0.472*	0.984*	1.331*	0.980*	1.089*
	(12.481)	(3.713)	(4.817)	(19.627)	(8.946)	(5.662)
$\ln K$	0.724*	0.729*	0.525*	0.194*	0.403*	-0.083
	(23.034)	(9.884)	(6.362)	(8.553)	(6.340)	(-1.168)
$\ln L$	-0.001	-0.180*	0.054	-0.096*	-0.237*	-0.068***
	(-0.056)	(-4.038)	(1.318)	(-6.008)	(-6.155)	(-1.817)
$\ln A$	0.386*	0.352*	0.426*	0.419*	0.468*	0.566*
	(18.523)	(8.044)	(9.320)	(26.121)	(12.408)	(13.477)
$\ln R$	-0.082**	0.070	-0.021	-0.402*	-0.513*	-0.330*
	(-2.354)	(0.925)	(-0.259)	(-15.797)	(-7.834)	(-4.572)
$\ln T$	0.418*	0.170*	0.279*	0.125*	0.070**	0.412*
	(14.322)	(5.292)	(5.145)	(5.789)	(2.518)	(7.937)
$\ln O$	-0.005	0.0002	0.0002	-0.007***	-0.009***	0.009***
	(-1.008)	(0.032)	(0.028)	(-1.848)	(-1.608)	(1.607)
R-squared	0.940	0.874	0.852	0.766	0.851	0.776
Adjusted R-squared	0.939	0.869	0.847	0.762	0.846	0.768
F-statistic	860.0	185.4	154.7	178.9	153.3	93.1
Prob(F-statistic)	0.000	0.000	0.000	0.000	0.000	0.000

注：*、**、***分别表示1%、5%、10%显著性水平。

当引入 $\ln U \times \ln G$ 的交互项时，2000～2017年、2009～2017年城镇化与农业集聚的交互项对农业产业增长的影响表现为在1%的统计水平下一次项显著为正，二次项显著为负，意味着农业集聚水平越高，城镇化对农业产业增长的效应越高，农业集聚水平越低，城镇化对农业产业增长的效应越低，由于二次项显著为负，因此对农业产业增长呈现先促进后抑制的趋势。2000～2008 年城镇化与农业集聚的交互项对农业产业集聚发展的影响表现为一次项在 1% 的统计水平下显著为正，二次项为负但不显著，意味着农业集聚水平的提高，有利于城镇化对农业产业发展效应的提高。城镇化与农业集聚的交互项对农民收入的影响与对农业产业增长的影响具有一致性。城镇化对农业产业增长、农民收入的影响呈现一次项显著为负，二次项显著为正。

第四节　本章结论与政策建议

一、本章结论

城镇化是破解"三农"问题、淡化二元结构、促进要素优化配置的主要驱动力。与城镇化相互依存、互动促进的农业集聚发展和适度规模经营必然推动中国农业竞争力的持续提升。本章从城镇化视角，在梳理农业集聚影响农业发展内在机理的基础上，通过构建理论分析模型，从理论角度分析农业集聚对农业发展的影响并提出不同的假设，利用 2000～2017 年 31 省（自治区、直辖市）的相关数据，采用面板数据模型实证检验不同阶段农业集聚对农业发展的影响及其内在机制，验证城镇化是否在农业集聚推动农业发展的过程中起到中介作用，将把农业发展分为农业产业增长和农民收入，为考察不同阶段农业集聚对农业发展的影响，将 2000～2017 年分为两个阶段：2000～2008 年，2009～2017 年。得出以下结论：

其一，农业集聚对农业产业增长产生显著的正向影响，无论是 2000～2017 年的分析，还是分阶段分析都是如此，农业集聚有利于农业产业增长，能够提高农业产业发展的层次。农业集聚对农民收入却表现为负向影响，无论是 2000～2017 年的分析，还是分阶段分析都是如此。

其二，当引入城镇化后，农业集聚对农业发展依然呈现正向影响，且回归系数有所提高，意味着一个地区农业集聚程度越高，城镇化对产业发展的积极作用越强，说明农业集聚可通过城镇化的途径提高产业发展；当引入城镇化后，农业集聚对农民收入呈现负向影响，且回归系数有所提高，意味着农业集聚可通过城镇化的途径影响农民收入。

其三，进一步运用中介效应模型进行稳健性检验发现，城镇化扮演了部分中介效应的作用，农业集聚可以通过城镇化进程影响农业发展，解释了农业集聚、城镇化、农业发展的传导机制。

其四，非线性模型显示：农业集聚对农业产业增长呈现先促进后抑制的影响，对农民收入呈现先抑制后促进的影响。当引入城镇化后，农业集聚对农业产业增长、农民收入均表现为先促进后抑制的影响，城镇化对农业产业增长和农民收入均表现为先抑制后促进的影响；当引入农业集聚与城镇化的交互项时，其交互项对农业产业增长和农民收入均表现为先促进后抑制的影响。由以上四点结论可以看出，城镇化是影响农业集聚的重要因素，农业集聚通过城镇化能够影响农业发展。

二、本章政策建议

结合上述结论，本章的主要政策启示在于：

其一，农业集聚一定程度上有利于劳动生产率的提高，作为资源禀赋较强的产业，注重农业产业发展，综合发展优势产业和特色产业。因此，需要加强基础设施建设、优化生产与市场条件，充分挖掘当地资源禀赋，为推进产业集聚形成及功能发挥提供便利，进而加快建立以经济集聚诱导的经济增长之路。

其二，加快推动城镇化进程，充分发挥城镇化在农业集聚对农业发展的中介作用。打破地方本位思想、加强区域之间的互动，促进信息、劳动力和资本的自由流动，从根本上通过辐射增长而实现区域经济发展和农民增收。此外，通过市场化机制构建利益补偿机制，以更有效地优化资源配置，避免产业结构同化、特点同化，推动在产业链条不同环节间的合作，进而培育和建立起具有区域特色的集群品牌，促进和推动区域经济的联动发展。

第八章
城镇化进程中农业集聚推动农业
发展的实现路径

第一节　主要结论

  本书在对城镇化、农业集聚推动农业发展机理分析的基础上，选取区位熵方法，分析农业集聚的变动态势及影响因素，运用空间滞后模型和地理加权模型，从空间相关性和空间异质性视角，分析农业的空间集聚格局及其演化路径，探讨其演化机制，分析农业产业集聚格局变化及要素传导机制；选取信息熵计算权重，采用耦合协调模型，分析各省份城镇化与农业集聚之间的耦合作用强度，反映系统的协同效应，进而判断城镇化水平与农业集聚之间的关系；运用重心分析方法考察中国农业集聚的空间分布和变化特征，分析农业集聚重心与农业发展重心两者之间的相互关系；通过构建一般面板模型及引入二次项的非线性模型，分析供给侧背景下农业集聚度对农业发展影响程度与差异；从城镇化视角，通过构建理论分析模型，分析城镇化进程中农业集聚对农业发展的影响，并提出假设，构建面板计量经济模型，从不同阶段实证检验农业集聚对农业发展的影响及其内在机制。在以上研究基础上，结合本书研究逻辑，提出以农业集聚推进农业持续发展的实现路径及未来农业集聚发展的空间格局与可能方向，探讨城镇化、农业集聚进程中持续提升农业发展绩效、促进传统农业向现代农业转型的实现路径。所得结论如下：

其一，中国农业集聚呈现波动性变化趋势，同时各地区农业集聚存在明显的差异，中西部地区农业集聚水平较高，东部地区农业集聚水平较低；各省（自治区、直辖市）的农业集聚存在明显的差异。东部地区的河北、福建、山东、海南表现较为明显，中部地区的湖北、河南、安徽、江西表现较为明显，西部地区的内蒙古、贵州、四川、西藏等省份表现较为明显。不同农作物之间农业集聚度表现为不同的差异。如谷物、豆类、薯类等主要集中于中西部地区，而蔬菜的集聚水平则表现为东部地区高于中西部地区。农业集聚存在全局空间正相关性，局部空间相关性的表现有所不同，东部地区以低低集聚为主导，中西部地区以高高集聚为主导。中国农业的发展主要在中西部地区集聚，东部地区以工业、服务业为主，农业的发展较为缓慢。

其二，从空间滞后模型看，农业集聚存在辐射效应，即一个区域农业集聚不仅对自身农业集聚有影响，而且辐射和促进相邻地区的农业集聚发展。从空间异质性的地理加权回归模型视角考察表明，农业资本数量和农业耕地数量对农业集聚产生负向影响，农业劳动力数量、农业技术水平等资源禀赋推动中国农业产业集聚，交通设施、对外开放度对推动中国农业产业集聚的形成演变具有重要作用。从非线性模型看，各种因素对农业集聚的影响呈现不同的变化，农业资本对农业集聚呈现先下降后上升的趋势，农业劳动力、农业技术水平、农业耕地、交通基础设施表现为先上升后下降的趋势，市场开放度对农业集聚呈现持续性下降的趋势。

其三，城镇化综合序参量、农业集聚序参量均呈现波动性变化趋势；城镇化综合序参量较高的省份主要集中在城镇化水平较高的东部地区，农业集聚综合序参量较高的省份主要集中在中西部地区；城镇化与农业集聚之间存在相关性，但各省份之间的耦合度存在明显差异，整体看，东部地区耦合度低于中西部地区；从两者之间的协调水平看，东部地区的协调水平也低于中西部地区。通过提高城镇化水平，优化农业集聚，能进一步促进农业现代化发展，但东中西部地区需要实施差异化区域政策。

其四，考察期内中国农业空间分布整体呈现向西偏北的特征，但不同农作物呈现不同的特征。具体来看，谷物呈现向东偏北，棉花呈现向西偏北，麻类呈现向东偏南，烟叶、水果呈现向南偏东，薯类、油料、糖料呈现向西偏南，茶叶呈现向南偏西特征。从农业属性的区域分布来看，谷物等粮食作物主要集中在东北地区，油料等经济作物主要集中在西南地区。从农民收入重心看，农民收入在空间分布上呈现北上东进，2009年后，呈现南上西进特征。农业集聚重心与农业产业增长重心一致，但与农业收入的重心并不完全一致。

其五，农业集聚对农业产业增长、农民收入的影响有所不同。农业集聚与农业产业增长存在显著的正相关关系，说明农业集聚能够提高产业增长水平，但农业集聚并未引起农民收入的提高。当引入城镇化时，农业集聚对农业产业增长效应增强，但不同阶段对农民收入的影响不同，城镇化与农业集聚的交互项对农业产业增长存在正相关关系，意味着一个地区的农业集聚程度越高，城镇化对农业产业发展的积极作用越强，说明农业集聚可通过城镇化的途径提高产业发展。进一步运用中介效应模型进行稳健性检验发现，城镇化扮演了部分中介效应，农业集聚可以通过城镇化进程影响农业发展，解释了农业集聚、城镇化、农业产业发展的传导机制。

第二节　实现路径

城镇化是破解"三农"问题、淡化二元结构、促进要素优化配置的主要驱动力。与城镇化相互依存、互动促进的农业集聚发展和适度规模经营必然推动中国农业竞争力的持续提升。中国农业正处于由传统向现代农业转变的关键期，优化农业供给侧结构，提升农业竞争力，实现从粗放、无序、分散布局向集约化、专业化和空间集聚转型，成为中国未来农业发展的主攻方向。伴随城镇化和主体功能区战略的不断推进，农业供给侧结构性改革的进行，以"农业产业区"为特征的农业集聚趋势将不断加强，要素的空间集聚必然改变中国传统弱质农业发展格局。以要素集聚、分工深化、结构转型为特征的农业创新红利的充分释放是中国未来农业持续健康发展的保证。因此，从农业供给侧视角分析城镇化进程中农业集聚对农业发展的机理与实践路径具有重要的理论意义和现实意义。农业集聚是产业集聚的延伸与发展，农业集聚与工业、服务业的集聚有所不同，农业是自然资源禀赋较强的产业，其集聚涉及人口、产业、空间等不同方面。当前，中国处于城镇化加速推进阶段，城镇化的过程一定程度上可以说是农村人口向城镇人口的转移、农业部门人口向非农业部门人口的转移，使得非农业部门吸纳大量的农村劳动力，促进农业集聚，农业集聚优化农业的发展方式，促进农业发展。城镇化进程中农业集聚的形成对农业发展具有推动作用。

其一，农业是资源禀赋较强的产业，对气候条件和土地条件等自然资源要求较高，因此根据当地的实际情况，促进各地特色产业的发展。农村劳动力向城镇的转移，导致农村劳动力人口的减少，农业集聚所具有的优势，能够部分解决这一问题。低碳现代农业、特色农业、生态农业发展等，能够推进农业产业化、规模化经营，形成具有优势的主导产业。调整产业结构，深化农业和农村经济结构调整，防止产品趋同和重复建设，实行区域化布局，继续深化农业科技体制改革，努力改进农业科技应用推广办法。不同的农作物，各要素对其集聚的影响有所不同，因此不同地区应根据各地区农业政策、农业发展重点、特色农产品制定不同的措施策略，不同要素对农业集聚的作用效果有所不同，要素投入多少与农业集聚效应也有所不同，各地应根据各地区农产品品种的不同投入不同的要素。

其二，作为资源禀赋较强的农业，农业资源禀赋是推动农业集聚的重要因素。各地区在推进农业集聚发展的同时，必须重视自然资源禀赋的作用，同时注重要素投入，提高以农业机械化为主的农业技术水平，推动以土地流转为主的农业经营规模，加大以农业资本为主的资本投入，提高以劳动生产率为主的劳动投入，同时注重基础设施、农业政策等外部因素对农业集聚的推动作用，优化生产与市场条件，推进产业集聚形成及功能发挥，构建以经济集聚引导经济增长之路。由于农业集聚之间存在空间依赖性和空间溢出性，因此需要加强区域之间的互动，促进要素之间的自由流动，通过农业集聚的辐射效应实现区域经济的发展，引导农产品合理布局，避免产业结构同化，培育具有区域特色的集群品牌，通过不同生产环节间的互动与合作，促进区域经济的联动发展。

其三，充分发挥政府在农业产业集聚形成与发展过程中的重要作用，统筹规划的同时，政府加强基础设施建设和提供公共服务，良好的制度环境必不可少。加速农村与城镇，农业与现代工业、服务业的融合，将农村剩余劳动力向非农产业转移，使农业的集聚效应与效率提高，农业产业集聚的溢出效应受边际规模递减的影响，导致不同距离的农产品差异化不同，通过地方政府与地方市场的交流合作，从市场化机制、农业政策等角度，构建利益补偿机制，优化资源配置，促使农业更好地融入整个国民经济发展体系，提升农村经济和农业发展水平。农业集聚区形成后，不仅需要科学的管理方法进行管理，还需要政府对其的强力推动，确保农产品产业化经营和组织方式能够有效地推动农业发展，对于散户，也需按照市场需求调整农产品品种结构，努力实现标准化生产，统一农产品商标品牌，提升农产品的科技含量。

其四，农业产业集聚的发展存在其自身的优势，如在生产过程中有生产成本的优势、交易成本的优势、技术创新优势、人才优势、就业优势、制度环境优势等，增强当地农业的区域竞争力，为经济发展做出重要的贡献。相关产业的发展和支持能够降低集聚的交易成本，但对产业集聚的外部性敏感程度具有差异化特征，容易造成产业发展的极化效应，因此对于不同的产业应采取不同的政策，对于弱势产业应强化技术支持，不仅在技术总量上，还要在技术结构上给予支持，提高农业技术的服务效果，实现多主体合作发展。

其五，农业集聚的持续发展离不开必要的技术，产学研的高度结合能够促进技术的发展，教育的发展、科研人员的培养、应用型人才的培训能够促进技术的创新，是农业产业集聚发展与升级的源泉。通过消费结构升级促进农产品的产业化和合理化，使得农产品向纵深方向发展，推进农业现代化进程。加快小城镇建设，使得农村人口向城镇转移，为农业集聚提供更多空间，通过减少从业人员提高劳动生产率，同时向更多非农就业人员提供农产品，提高商品化率。

其六，培育新型经营主体，支持新型农民专业合作社、新型生产性服务组织的建设与发展。将土地细碎化转变为土地适度规模经营，提高农民的生产决策和管理行为，完善土地流转、确权，扩大农业经营规模，形成政府主导，多元主体补充协作的新型经营主体，充分发挥新型技术使用者与推广者的示范效应，降低交易成本，促进政府、市场、农户的有效对接。

参考文献

[1] Barkley D. L. , Henry M. S. Rural industrial development: To cluster or not to cluster? [J] . Review of Agricultural Economics, 1997, 19 (2): 308 –325.

[2] Baldwin R. E. , Forslid R. , Martin P. Economic geography and public policy [M] . Princeton, New Jersey: Princeton University Press, 2003.

[3] Brulhart, Sbergami. Agglomeration and growth: Cross – country evidence [J] . Journal of Urban Economics, 2009, 65 (1): 48 –63.

[4] Ciccone A. , Hall. R. E. Productivity and the density of economic activity [J]. American Economic Riview, 1996, 86 (1): 54 –70.

[5] Colin A. Carter, Bryan L. Regional specialization of China's agricultural production [J] . Agricultural Economics, 2002, 84 (3): 749 –753.

[6] Fenge R. , Ehrich M. V. Wrede M. Public input competition and agglomeration [J] . Regional Science and Urban Economics, 2009, 39 (5): 621 –631.

[7] Gabe T. M. Industry agglomeration and investment in rural businesses [J]. Review of Agricultural Economics, 2005, 27 (1): 89 –103.

[8] Geppert K. , Gornig M. Werwatz A. Economic growth of agglomeration and geographic concentration of industrial: Evidence for West Germany [J] . Regional Studies, 2008, 42 (3): 413 –421.

[9] Henry M. , Drabenstott M. A new micro view of the U. S. rural economy [J]. Economic Review, 1996, 81 (2): 53 –70.

［10］ Hyeon C. , Byung W. Agro – industry cluster development in five transition economics ［J］. Journal of Rural Development, 2006, 29（4）: 85 – 119.

［11］ Jabbour L. Determinants of Internantional Vertical Specialization and Implications on TechonogySpillovers ［J］. Geophysical Prospecting for Petroleyn, 2015, 54（2）: 188 – 196.

［12］ Krugman P. Increasing returns and economic geography ［J］. Journal of Political Economy, 1991, 99（3）: 483 – 499.

［13］ Korea Rural Economic Institute. Agro – Industry sector and agro – enterprise cluster development in selected transition economies ［EB/OL］. www. unescap. org, 2005.

［14］ Kulshreshtha S. , Thompson W. Economic impacts of the Saskatchewan agriculture and food cluster on the Saskatchewan economy ［R］. Saskatoon: University of Saskatchewan, 2005.

［15］ Morton D. , Winsberg. Concentration and specialization in United States agriculture, 1939 – 1978 ［J］. Economic Geography, 1980, 56（3）: 183 – 189.

［16］ Martin P. , G. Ottaviano. Growth and agglomeration ［J］. International Economic Review, 2001, 42（4）: 947 – 968.

［17］ Piore M. , Sabel C. The second industrial divide: Possibilities for prosperity ［M］. New York : Haper&Row, 1984.

［18］ Richard Baldwin, Rikard Forslid, Philippe Martin, et al. , Agglomeration and growth with and without capital mobility ［R］. HWWA Discussion Paper, 2001.

［19］ Scorsone, Eric A. Providing potential economic benefit to communities ［J］. Agricultural Communications Service, 2002（4）: 35 – 49.

［20］ Simeon Ehui, Marinos Tsigas. The role of agriculturein Nigeria s economic growth: A deneral equilibrium analysis ［C］. Beijing, China: The 27th Conference of the international association of agricultural economists（IAAE）, 2009: 16 – 22.

［21］ Taylor E. , Lopez – Feldman A. Does migration make rural households more productive? Evidence from mexico ［J］. The Journal of Development Studies, 2010,

46（1）：68 - 90.

[22] Usai S.，Paci R. Externalities and local economic growth in manufacturing industries [M] . Centre for Nortn South Economic Research，University of Cagiiari and Sassari，Sardinia，2003.

[23] Wen M. Relocation and agglomeration of Chinese industry [J] . Journal of Development Economics，2004，73（1）：329 - 347.

[24] Xu Weiyi，Jin Xiaobin，Liu Jing，Zhou Yinkang. Impact of cultivated land fragmentation on spatial heterogeneity of agricultural agglomeration in China [J] . Journal of Geographical Sciences，2021，30（10）：1571 - 1589.

[25] Zepponi D.，Fisch R. Industry - driven leadership is vital for rural communities [J] . Economic Development America，2007（12）：20 - 23.

[26] 曹文莉，张小林，潘义勇，等 . 发达地区人口、土地与经济城镇化协调发展研究 [J] . 中国人口·资源与环境，2012（2）：141 - 146.

[27] 陈凤桂，张虹鸥，吴旗韬 . 我国人口城镇化与土地城镇化协调发展研究 [J] . 人文地理，2010（5）：53 - 58.

[28] 陈昌玲，张全景，吕晓，等 . 江苏省耕地占补过程的时空特征及驱动机理 [J] . 经济地理，2016，36（4）：155 - 163.

[29] 陈培荣，卢茗轩 . 异质性下农业集聚对全要素生产率的影响研究 [J]. 山西农业大学学报（社会科学版），2020，19（4）：47 - 55.

[30] 陈晓峰 . 生产性服务业与制造业的协同集聚效应分析——以长三角地区为例 [J] . 城市问题，2016（12）：63 - 70.

[31] 储霞玲，黄修杰，姚飞等 . 农业专业化的时空演化规律及空间集聚效应探析——以广东省种植业为例 [J] . 中国农业资源与区划，2020，41（1）：194 - 203.

[32] 崔宇明，李玫，赵亚辉 . 城镇化进程、农业结构调整与农业产业发展优先序 [J] . 华东经济管理，2013（6）：13 - 20.

[33] 崔宇明，代斌，王萍萍 . 城镇化、产业集聚与全要素生产率增长研究 [J] . 中国人口科学，2013（4）：54 - 64.

［34］邓翔，李建平. 我国产业集聚的外部性和规模报酬的测度［J］. 区域经济评论，2013（6）：36－41.

［35］邓慧慧. 贸易自由化、要素分布和制造业集聚［J］. 经济研究，2009（11）：118－129.

［36］杜建军，张军伟，邵帅. 供给侧改革背景下中国农业产业集聚的形成演变研究［J］. 财贸研究，2017，28（5）：33－46，99.

［37］杜建军，谢家平，刘博敏. 中国农业产业集聚与农业劳动生产率——基于275个城市数据的经验研究［J］. 财经研究，2020，46（6）：49－63.

［38］高斌，丁四保. 东北地区产业集群发展问题及战略研究［J］. 东北师大学报（哲学社会科学版），2008（2）：74－78.

［39］高军波，韩勇，喻超，等. 河南省县域农作物生产空间格局演变及专业化分区研究［J］. 中国农业资源与区划，2019，40（7）：152－163.

［40］葛立成. 产业集聚与城市化的地域模式——以浙江省为例［J］. 中国工业经济，2004（1）：56－62.

［41］贺灿飞，谢秀珍. 中国制造业地理集中与省区专业化［J］. 地理学报，2006（2）：212－222.

［42］胡晨光，程惠芳，陈春根. 产业集聚的集聚动力：一个文献综述［J］. 经济学家，2011（6）：93－101.

［43］胡晨沛，李辉尚. 1978－2015年中国农业经济重心和禀赋结构重心时空轨迹及其耦合趋势研究［J］. 华中农业大学学报（社会科学版），2019（2）：91－99，167.

［44］胡慧芝，王建力，王勇，等. 1990～2015年长江流域县域粮食生产与粮食安全时空格局演变及影响因素分析［J］. 长江流域资源与环境，2019，28（2）：359－367.

［45］黄海平，龚新蜀，黄宝连. 基于专业化分工的农业产业集群竞争优势研究——以寿光蔬菜产业集群为例［J］. 农业经济问题，2010（4）：64－70.

［46］贾兴梅，李平. 农业集聚度变动特征及其与农业经济增长的关系——我国12类农作物空间布局变化的实证检验［J］. 中国农业大学学报，2014

（1）：209－217.

[47] 贾兴梅，贾伟．中国新型城镇化协调水平测度及空间差异分析 [J]．统计与信息论坛，2015（7）：22－29.

[48] 贾兴梅，李俊，贾伟．安徽省新型城镇化协调水平测度与比较 [J]．经济地理，2016（2）：80－86.

[49] 贾兴梅．新型城镇化与农业集聚的协同效应 [J]．华南农业大学学报（社会科学版），2018，17（2）：1－10.

[50] 姜会明，王振华．吉林省工业化、城镇化与农业现代化关系实证分析 [J]．地理科学，2012（5）：591－595.

[51] 金煜，陈钊，陆铭．中国的地区工业集聚——经济地理、新经济地理与经济政策 [J]．经济研究，2006（4）：79－89.

[52] 李鑫，李兴校，欧名豪．江苏省城镇化发展协调度评价与地区差异分析 [J]．人文地理，2012（3）：50－54.

[53] 李二玲，庞安超，朱纪广．中国农业地理集聚格局演化及其机制 [J]．地理研究，2012（5）：885－898.

[54] 李菁，揭筱纹．基于农业产业集群的西部城镇化发展路径研究 [J]．天府新论，2014（2）：75－80.

[55] 李豫新，赵东栋．人口重心与经济重心演变路径及耦合性分析 [J]．统计与决策，2016（4）：139－143.

[56] 李在军，管卫华，柯文前．中国区域消费与经济、人口重心演变的时间多尺度研究 [J]．经济地理，2014，34（1）：7－14.

[57] 李宾，孔祥智．工业化、城镇化对农业现代化的拉动作用研究 [J]．经济学家，2016（8）：55－64.

[58] 李博伟，邢丽荣，徐翔．农业生产集聚能否促进农民增收——来自淡水养殖的经验证据 [J]．农业技术经济，2019（5）：39－51.

[59] 李博伟，徐翔．农业生产集聚、技术支撑主体嵌入对农户采纳新技术行为的空间影响——以淡水养殖为例 [J]．南京农业大学学报（社会科学版），2018，18（1）：124－136，164.

［60］刘长全.中国制造业集聚经济特征与最优集聚问题——对 112 个三位数产业的实证研究［J］.上海经济研究，2010（9）：3 - 13.

［61］刘世薇，张平宇.东北地区农业地理集聚格局研究［J］.农业现代化研究，2013（5）：591 - 596.

［62］刘玉.农业现代化与城镇化协调发展研究［J］.城市发展研究，2007（6）：37 - 40.

［63］刘子鑫，殷江滨，曹小曙，等.基于不同尺度的关天经济区人口格局时空变化特征与差异［J］.人文地理，2017，32（1）：123 - 131.

［64］刘立佳，刘博敏，杜建军.外部效应：如何推动了中国农业产业集聚的发展？［J］.生态经济，2019，35（10）：101 - 107.

［65］路江涌，陶志刚.我国制造业区域集聚程度决定要素的研究［J］.经济学（季刊），2007（3）：802 - 815.

［66］罗小锋，袁青.新型城镇化与农业技术进步的时空耦合关系［J］.华南农业大学学报（社会科学版），2017（2）：19 - 27.

［67］罗能生，谢里，谭真勇.产业集聚与经济增长关系研究新进展［J］.经济学动态，2009（3）：117 - 121.

［68］罗富民.城镇化发展对农业供给侧结构变动的影响——基于分布滞后模型的实证［J］.华中农业大学学报（社会科学版），2017（2）：52 - 59.

［69］吕超，周应恒.我国农业产业集聚与农业经济增长的实证研究——基于蔬菜产业的检验和分析［J］.南京农业大学学报（社会科学版），2011（2）：72 - 78.

［70］吕品，张娇.产业集聚促进城镇化发展机制研究——基于浙江省各市动态面板数据 GMM 分析［J］.浙江理工大学学报，2015，34（8）：263 - 270.

［71］马鹏，李文秀，方文超.城市化、集聚效应与第三产业发展［J］.财经科学，2010（8）：101 - 108.

［72］马德君，谢辛.城镇化与农业现代化的耦合特征：解析西部地区［J］.改革，2016（5）：57 - 66.

［73］倪鹏飞，杨华磊，周晓波.经济重心与人口重心的时空演变——来自

省会城市的证据［J］. 中国人口科学, 2014 (1): 44 – 54, 127.

［74］倪印锋, 王明利. 中国牧草产业地理集聚特征及影响因素［J］. 经济地理, 2018, 38 (6): 142 – 150.

［75］潘竟虎, 张建辉. 中国县域人均粮食占有量的时空差异及驱动因素［J］. 长江流域资源与环境, 2017, 26 (3): 410 – 418.

［76］潘竟虎, 张建辉, 胡艳兴. 近20a来甘肃省县域人均粮食占有量时空格局及其驱动力研究［J］. 自然资源学报, 2016, 31 (1): 124 – 134.

［77］阮建青. 产业集群动态演化规律与地方政府政策［J］. 管理世界, 2014 (12): 79 – 91.

［78］Scott Rozelle, 黄季焜. 中国的农村经济与通向现代工业国之路［J］. 经济学季刊, 2005 (4): 1019 – 1042.

［79］宋燕平, 王艳荣. 面向农业产业集聚发展的技术进步效应分析［J］. 科学学研究, 2009 (7): 1005 – 1010.

［80］孙久文. 中国区域经济发展的新趋势［N］. 光明日报, 2013 – 04 – 07.

［81］孙中叶. 农业产业化的路径转换: 产业融合与产业集聚［J］. 经济经纬, 2005 (4): 37 – 41.

［82］唐惠燕, 包平. 基于 GIS 江苏水稻种植面积与产量的空间重心变迁研究［J］. 南京农业大学学报 (社会科学版), 2014, 14 (1): 118 – 124.

［83］谭言飞, 濮励杰, 解雪峰, 等. 基于敏感度分析的江苏省粮食生产与耕地数量变化动态响应研究［J］. 长江流域资源与环境, 2019, 28 (5): 1102 – 1110.

［84］谭清美, 夏后学. 市民化视角下新型城镇化与产业集聚耦合效果评判［J］. 农业技术经济, 2017 (4): 106 – 115.

［85］王栋. 基于专业化水平分工的农业产业集聚机理研究［J］. 科学学研究, 2007 (12): 292 – 298.

［86］王艳荣, 刘业政. 农业产业集聚对产业增长贡献率的测度与分析［J］. 中国农业科学, 2012 (15): 3197 – 3202.

［87］王艳荣, 刘业政. 农业产业集聚对农民收入影响效应研究［J］. 农业技术经济, 2011 (9): 50 – 57.

[88] 王新利, 肖艳雪. 农业现代化、城镇化、工业化、信息化协调发展评价研究——以黑龙江农垦为例 [J]. 农业技术经济, 2015 (6): 91 - 98.

[89] 王伟新, 向云, 祁春节. 中国水果产业地理集聚研究: 时空特征与影响因素 [J]. 经济地理, 2013, 33 (8): 97 - 103.

[90] 王智伟, 伽红凯, 王树进, 等. 城市郊区休闲农业集聚度及影响因素的统计检验 [J]. 统计与决策, 2018, 34 (22): 119 - 122.

[91] 汪晓文, 杜欣. 中国城镇化与农业现代化协调发展的测度 [J]. 统计与决策, 2015 (8): 121 - 124.

[92] 卫龙宝, 李静. 农业产业集群内社会资本和人力资本对农民收入的影响 [J]. 农业经济问题, 2014 (12): 41 - 49.

[93] 吴三忙, 李善同. 中国制造业地理集聚的时空演变特征分析: 1980 - 2008 [J]. 财经研究, 2010 (10): 4 - 14.

[94] 夏春萍, 刘文清. 农业现代化与城镇化、工业化协调发展关系的实证研究——基于 VAR 模型的计量分析 [J]. 农业技术经济, 2012 (5): 79 - 85.

[95] 肖卫东. 中国种植业地理集聚: 时空特征、变化趋势及影响因素 [J]. 中国农村经济, 2012 (5): 19 - 31.

[96] 肖卫东. 农业地理集聚与农业分工深化、分工利益实现 [J]. 东岳论丛, 2012, 33 (8): 126 - 131.

[97] 肖池伟, 李鹏, 封志明, 等. 1976 年 ~ 2013 年老挝主要农作物种植结构时空演变特征分析 [J]. 世界地理研究, 2017, 26 (6): 31 - 39.

[98] 谢杰. 工业化、城镇化在农业现代化进程中的门槛效应研究 [J]. 农业经济问题, 2012 (4): 84 - 91.

[99] 谢品, 李良智, 赵立昌. 江西省制造业产业集聚、地区专业化与经济增长实证研究 [J]. 经济地理, 2013 (6): 103 - 108.

[100] 徐晓丹, 支大林. 吉林省农副食品加工产业集聚与经济增长关系研究 [J]. 税务与经济, 2011 (6): 106 - 110.

[101] 徐丽华, 王慧. 区域农业产业集群特征与形成机制研究——以山东省寿光市蔬菜产业集群为例 [J]. 农业经济问题, 2014 (11): 26 - 33.

[102] 徐维祥，唐根年，陈秀君．产业集群与工业化、城镇化互动发展模式研究 [J]．经济地理，2005（6）：868-872．

[103] 许烜，兰勇．农业产业集群升级的影响因素研究——以湖南省6个主要农业产业集群为例 [J]．经济经纬，2015（6）：35-40．

[104] 许烜，刘纯阳．基于演化视角下湖南省农业产业集群升级的现实判断 [J]．湘潭大学学报（哲学社会科学版），2015，39（6）：57-61．

[105] 薛虎，朱礼才．农业专业化集聚、空间溢出与农业劳动生产率——基于空间面板杜宾模型的实证研究 [J]．中南林业科技大学学报（社会科学版），2019，13（4）：61-68．

[106] 薛蕾，申云，徐承红．农业产业集聚与农业绿色发展：效率测度及影响效应 [J]．经济经纬，2020，37（3）：45-53．

[107] 晏小敏，李启平．农业产业集群与农村劳动力迁移、城镇化的关系研究 [J]．求索，2016（2）：93-96．

[108] 杨爱军．工业化、城镇化与农业现代化的互动发展研究 [J]．学术论坛，2012（6）：110-115．

[109] 尹成杰．新阶段农业产业集群发展及其思考 [J]．农业经济问题，2006（3）：4-8．

[110] 尹为，胡啸兵，李育林．中国高技术产业重心与经济重心变动轨迹比较 [J]．经济地理，2012，32（1）：90-95．

[111] 原嫄，李国平，孙铁山，等．中国制造业重心的空间分布变化特征与趋势研究——基于2001年和2009年数据的实证分析 [J]．人文地理，2015，30（5）：99-105．

[112] 赵向豪，陈彤，姚娟．新疆种植业地理集聚的时空特征与影响因素 [J]．地域研究与开发，2016，35（2）：153-158．

[113] 赵丹丹，周宏．禀赋特征、外部性与农业生产集聚：基于全国31省的证据 [J]．长江流域资源与环境，2019（9）：2130-2140．

[114] 赵丹丹，周宏．农业生产集聚：如何提高粮食生产效率——基于不同发展路径的再考察 [J]．农业技术经济，2020（8）：13-28．

[115] 张红宇，杨春华，张海阳，等．当前农业和农村经济形势分析与农业政策的创新 [J]．管理世界，2009 (11)：74 - 84.

[116] 张盼盼．湖北省农业产业集群与城镇化互动发展研究 [D]．重庆：西南大学，2014.

[117] 张云飞．城市群内产业集聚与经济增长关系的实证研究——基于面板数据的分析 [J]．经济地理，2014 (1)：108 - 113.

[118] 张哲晰，穆月英．空间视角下农业产业集聚的增收效应研究——基于蔬菜专业村的实证 [J]．农业技术经济，2018 (7)：19 - 32.

[119] 张哲晰，穆月英．农业产业集聚的生产效应及提升路径研究 [J]．经济经纬，2018，35 (5)：80 - 86.

[120] 张哲晰，穆月英．产业集聚能提高农业碳生产率吗？[J]．中国人口·资源与环境，2019，29 (7)：57 - 65.

[121] 张磊，武友德，李君．环洱海地区耕地与农业劳动力空间分布特征及其耦合关系 [J]．世界地理研究，2018，27 (3)：109 - 119.

[122] 曾亿武，郭红东，邱东茂．产业集聚效应、要素拥挤与效率改善——基于浙江省农产品加工业集群的实证分析 [J]．农林经济管理学报，2015 (3)：218 - 225.

[123] 郑风田，程郁．从农业产业化到农业产业区——竞争型农业产业化发展的可行性分析 [J]．管理世界，2005 (7)：64 - 73，93.

[124] 郑士伟，杨飞，黄敏．京津冀地区农产品集聚及时空演变特征 [J]．中国农业资源与区划，2018，39 (12)：112 - 120.

[125] 周振，孔祥智．中国"四化"协调发展格局及其影响因素研究——基于农业现代化视角 [J]．中国软科学，2015 (10)：9 - 26.

[126] 周鹏飞，沈洋，朱晓龙．制造业产业集聚对城市绿色经济效率的影响：机理、测度与路径 [J]．城市发展研究，2021，28 (3)：92 - 99.

[127] 仲俊涛，米文宝，候景伟，等．改革开放以来宁夏区域差异与空间格局研究——基于人口、经济和粮食重心的演变特征及耦合关系 [J]．经济地理，2014，34 (5)：14 - 20，47.

［128］邹秀清，谢美辉，肖泽干，等．农业人口转移与城市建设用地增加耦合态势及空间协调特征——以江西省为例［J］．中国土地科学，2019，33（10）：31－38.

［129］朱英明．产业空间结构与地区产业增长研究——基于长江三角洲城市群制造业的研究［J］．经济地理，2006（3）：72－77.